타인의 발견

지속가능한 사회에서 우리의 행복 찾기

타인의 발견

지속가능한 **사회**에서 **우리**의 **행복**찾기

초판발행 / 2018. 10. 22.

지은이 / 김상섭
펴낸이 / 윤미경
펴낸곳 / 도서출판 다인아트
출판등록 1996년 3월 8일 제87호
인천광역시 중구 개항로14 2F
tel. 032+431+0268 / fax. 032+431+0269
email. dainartbook@naver.com
인쇄 / 신우프린텍
제본 / 신우제책

값 / 15,000원
ISBN 978-89-6750-060-3 03330

타인의 발견

지속가능한 **사회**에서 **우리**의 **행복** 찾기

김상섭 지음

도서출판
다인아트

序1

세상을 읽는 눈과 삶의 이치

김윤식 시인·전 인천문화재단 대표이사

며칠 전 문득 그가 내게 전화를 했다. 전화기 표시 창에 그의 이름이 뜨는 것을 보며 나는 '아' 하고 짧은 탄성을 질렀다. 뜻밖이었고 또 반가웠기 때문이었다. 그가 시 인재개발원 원장으로 있던 작년 여름에 지나가듯 한 번 만난 뒤 피차 아무런 연락이 없이 지냈기에 불현듯 그런 감회가 솟았을 것이다.

그와의 교류는 내가 인천문화재단에 몸담고 있던 2016년, 그가 시 문화관광체육국장으로 부임해 온 것이 계기가 되었다. 시 문화국과 문화재단은 업무상 상호 긴밀한 관계에 놓여 있으니 자연적으로 자주 그를 접촉하게 되었다.

그는 온화하고 겸손했다. 좀해서 앞에 나서 뒤를 보이지 않는 성품이었다. 밝은 안색으로 주로 경청했을 뿐 견해는 늘 짧고 간략했다. 매사에 경거하지 않고 진중했다. 일상에 있어서도 그는 항용 아래에 소탈, 다정했고 위로 경건, 화락했다. 겸손과 온유가 그의 전부였다.

그는 지식도 충만했다. 이따금 지면에서 대하는 그의 문장과 논지에서 나는 그가 깊이 공부하고 사색하는 사람임을 알았다. 그는 쉼 없이 지혜를 갈고 덕을 닦는 인물이었다. 어떤 때는 차라리 그가 지금의 길이 아닌, 더 길고 더 먼 학문의 도정으로 나아갔더라면 하는 부질없는 생각을 하기도 했다.

그 1년 동안, 집무실에서, 회의석상에서, 밥집에서, 술청에서, 혹은 공연장에서 그와 교류하던 시절이 나는 참으로 행복했다. 그의 부드러운 언사가 나를 늘 편안하게 했다.

그런 그가 느닷없이 내게 전화를 한 것이다. 그리고는 다음날 부리나케 찾아와 시장 안의 어느 생선 다루는 집에서 내 앞에 소주잔을 내놓았다. 해후인가. 아무튼 반갑고 기쁜 나머지 그날도 내가 8을 부르짖고 그는 다만 조용히 2를 말했을 것이다.

자리를 옮겨 음료를 마시며 비로소 그가 나를 보러 온 용건을 말했다. 그에 앞서 그는 현재는 논산에서 교육을 받고 있다는 사실을 알렸다. 그리고 휴가를 틈타 나를 꼭 만나야겠기에 서둘러 왔다는 고백을 했다. 굳이 고백이라고 표현하는 것은 그가 바로 이 『타인의 발견』을 발간하는 사실과 관련이 있어서다.

가방 속에서 그가 주섬주섬 꺼내 놓은 것은 이 책의 가제본이었다. 그러면서 그는 대뜸 내게 발문을 쓰라는 부탁을 했다. 나를 심중에 두고 있었다는 것이었다. 이것이 앞서 말한 그의 고백이라는 말과 통한다.

나는 내심 기뻤다. 내가 그를 좋아했던 만큼 그도 나를 이렇게 기꺼워했었구나. 그러면서도 또 한편 두려웠다. 이를 데 없는 천학이요, 더구나 근래는 하릴없이 저자거리나 부유하는 주제인데…. 그러나 몸속의 술기운이 속절없이 감정을 치닫게 해 나는 그만 생심生心하고 만 것이다.

자리를 파하고 돌아와 이내 몸을 씻고는 책상에 앉아 그의 문장들을 읽었다. 전의 지면에서 눈에 익었던 것들과 또 처음 대하는 다른 가문佳文들이 묶여 있었다. 시정市政에 대한 견해와 포부, 혹은 뭇 사안에 대한 해박한 감식과 평소의 또렷한 지론들이었다.

물론 단 한 편의 글도 과장이 없고 극단에 가거나 독하지 않았다. 짐짓 공직의 경륜을 내세우려는 태도도 없었다. 전 편의 언어는 읽는 내내 내게 감명의 물줄기와 사유의 숲을 내어주었을 뿐…. 한마디로 넓은 지식과 유려한 수사가 한데 어우러져 이룬 가상한 수필들이었다.

어느새 지면이 다해 이제 이 졸문을 마무리하지 않으면 안 된다. 나는 이렇게 토로한다. “『타인의 발견』! 이 책을 통해 세상을 보는 안목과 삶의 이치를 읽을 수 있었다. 더불어 좋은 사람의 좋은 수필집 한 권을 이 세상 누구보다도 먼저 읽는 청복을 누렸다.”

2018. 8.

序2
'각자도생'에서 '각생공존'의 사회로

이충환 인천시청자미디어센터장

'각자도생各自圖生'. 우리 사회 현실에 대한 저자의 고민이 시작되는 지점이다. "과정과 절차를 생략하고 원칙과 가치를 유보한 채 진행"[1]된 우리식 근대화가 다다른 곳은 '제각기 살아나갈 방도를 꾀하는' 세상이다. 2013년 연말에 쓴 칼럼[2]은 '각자도생'에 골몰하고 있는 우리 사회의 어둡고 슬픈 자화상이다. 뇌졸중으로 투병하던 아내와 자신의 실직을 비관해 연탄불을 피워 목숨을 끊은 대구의 40대 가장과 영문도 모른 채 아빠와 함께 저 세상으로 가버린 초등학교 2학년 쌍둥이 두 아들, 다섯 살 때부터 간질장애를 앓아오다 장애등급재판정으로 수급권을 박탈당하게 되자 스스로 목숨을 끊은 의정부의 서른아홉 살 4급 장애인,

1 '돈'과 '나', 경기일보 2014년 6월 3일 게재.
2 2013년 자살공화국의 묵시록, 중부일보 2013년 12월 26일 게재

보증금 700만원 월세 10만 원짜리 방에서 백골로 발견된 부산의 할머니, 여섯 살 때 교통사고로 식물인간이 된 아들을 25년간 돌보다 스스로 집에 불을 지른 당진의 아버지와 오랜 간병에 기력이 다한 아버지 품에 안겨 서러운 생을 마감한 아들.

"개인들을 벼랑으로 내모는 불안정한 국가는 자살과 같은 집합적 질병을 치유할 충분한 힘이 없다"는 120년 전 뒤르켕Emile Durkheim의 비판은 오늘의 '아노미적 자살'을 마주해야 하는 저자에게는 비수匕首다. "한 명의 이웃이 정부보다 훨씬 더 효과적인 대안일 수도 있다"는 폴카Jennifer Pahlka[3]의 지적은 적확하고 선명해서 너무나 아프다. 저자는 하릴없이 "이름 없는 삶들이 소리 없이 너무 많이 스러져 간 2013년의 묵시록이 다시없기를 소망"[4]하며 기도만 드렸다. 하지만 이런 기도조차도 불과 넉 달 뒤에 닥쳐올 참사 앞에선 그저 감정의 사치에 불과했음을 그때는 알지 못했다.

"칠흑 같은 바닷물 속에서 스러져가는 거친 호흡들이 불렀을

3 더 나은 공동체를 추구하는 미국의 비영리단체 '코드 포 아메리카(Code for America)'의 설립자

4 2013년 자살공화국의 묵시록, 중부일보 2013년 12월 26일 게재.

산 자의 이름들이, 선실의 창문을 손톱으로 긁으며 절규했을 그 호흡들을 몸서리치며 지켜봐야만 했다. 눈앞에서 제 새끼가 죽임을 당하면 어미 염소는 창자가 새까맣게 타들어가 죽고 어미 원숭이도 창자가 토막토막 끊어져 죽었다는 단장斷腸의 슬픔, 자식을 잃은 참척慘慽의 슬픔엔 가슴엔 피가 흐르고 눈까지 멀어버린 듯 상명喪明의 고통에 팽목항은 깊이 신음했다. 2014년 4월 16일, 통곡의 바다, 절망의 대한민국, 나는 내내 처절한 무기력을 실감했다"고 저자는 적어 내려간다. 그날, 수백의 어린 생명들이 두 눈 뜬 채로 생지옥으로 떨어졌다. 그날, 나쁜 어른들은 아이들을 그대로 내버려둔 채 '각자도생'했다.

18세기 경제학자 제노베시Antonio Genovesi가 설파했던 '우주의 법칙'은 다른 사람의 행복 없이 우리의 행복은 없다는 것이다. 저자는 그 '우주의 법칙'이 여전히 유효하다고 믿는다. 저자는 서로 존중하고 배려하고 신뢰하면서 함께 어울려 잘 살아가는 사회를 꿈꾼다. 저자는 궁극적으로 '각생공존各生共存'의 세상에 가닿기를 희망한다. 다름과 차이가 존중되는 사회, 관용과 나눔에 익숙한 사회, 가족·동료·타인, 그리고 정부를 비롯한 각종 제도 안에서 구성원 서로가 높은 신뢰로 연결된 사회다. '각자도생'의 생지옥에서 벗어난 곳이다. 밤늦게 마을을 지나던 장꾼, 방물을 파는 장수들, 탁발하는 스님, 구걸하는 동냥아치들에게 물을 대접하고 밥을 대접하고 여인네는 재워주기도 했던 마을 어귀 첫 집, 대문 없는 할머니의 집[5], 바로 그곳이다.

5 할머니의 대문 없는 집, 기호일보 2018년 1월 18일 게재.

차 례

2부 행복하려면 사랑하자

3부 행복의 조건과 과정은 지속가능성이다

4부 어진내仁川는 세계로 흐른다

1부

다른 사람의 행복 없이
'우리'의 행복은 없다

소매주름*

한자에는 어여쁜 글자가 참 많다. 곱씹을수록 가슴에 와 닿는 글자들 중 하나가 '넉넉할 유裕'다. 뜻을 나타내는 '옷 의衤'에 소리와 넉넉함을 아울러 나타내는 '골짜기 곡谷'으로 이뤄져 있다고 통상 풀이된다. 그런데 내가 이 글자를 보는 순간 떠오른 것은, 돈오頓悟라고나 할까, 아름다운 우리 한복의 겹겹으로 넉넉한 소매주름이다. 소매주름은 크고 작은 골짜기를 닮았다.

나는 한 때 개량한복 마니아이기도 했지만 사실 한복韓服에 대해선 문외한이다. 어릴 적에 가야금 연주를 그저 불편하고 지루하게 여겼던 것처럼 한복도 그러했다. 그런데 한두 해 나이 늘면서 판소리가 자연스럽게 마음에 스며들 듯 한복이 지닌 미덕에 탄복하게 된다.

오늘날 우리들이 입는 옷은 자꾸만 몸에 꽉 끼도록 만들어낸

* 《인천일보》 2014년 12월 30일 게재.

한복의 넉넉함을 상징하는 것은 주름이다.
주름은 골짜기를 이룬다.
겉으로 드러내고 돋보이고자 하는 서양 옷과 대비된다.
거들과 스타킹, 티셔츠는 물론이고 요즘 대세인 레깅스는
몸에 딱 맞게 찰싹 달라붙어 체형을 그대로 노출한다.
한복은 드러내기는커녕 감춘다.
소매주름이 만들어내는 골짜기는 나를 드러내지 않고
타인을 감싸 안는 포용이다. 이게 한복의 미덕이다.
스스로를 안으로 접고 접어 만든 골짜기는
타인에 대한 배려와 이해가 숨 쉬는 공간이 된다

다. 미국 서부의 황야를 떠올리게 하는 청바지가 대표적이다. 이동과 개척을 위해서는 활동성이 좋고 실용적이어야 했을 것이다. 양복도 그렇다. 몇 년 전에 맞춘 펑퍼짐한 양복보다는 요즘 것이 확실히 세련돼 보이기는 하다. 이런 서구화의 유산이 아니더라도 가까운 일본의 기모노着物 치마폭은 매우 좁고 중국 치파오旗袍도 몸을 꽉 조이는 형태다. 몸에 꽉 끼는 옷은 피부 속에 산소 공급을 방해하고 신진대사를 원활하지 못하게 한다. 몸을 조

이지 않고 몸과 옷 사이에 공기층을 두어 춥지도 덥지도 않게 하는 우리 한복과 대조된다.

우리 한복의 제일 특징은 넉넉함이다. 우리 고유의 겉옷인 도포나 두루마기 소매는 얼마나 넓은가. 바지저고리와 열두 폭 치마의 품은 또 얼마나 넉넉한가. 고쟁이는 물론이고 속속곳까지도 통이 크기는 매 한가지다. 한복의 공간은 여백의 멋이다. 꽉 끼는 긴장감이 아니라 완만함이다.

한복의 넉넉함을 상징하는 것은 주름이다. 주름은 골짜기를 이룬다. 겉으로 드러내고 돋보이고자 하는 서양 옷과 대비된다. 거들과 스타킹, 티셔츠는 물론이고 요즘 대세인 레깅스와 스키니 진은 말 그대로 몸에 딱 맞게 찰싹 달라붙어 체형을 그대로 노출한다. 한복은 드러내기는커녕 감춘다. 소매주름이 만들어내는 골짜기는 나를 드러내지 않고 타인을 감싸 안는 포용包容이다. 이게 한복의 두 번째 미덕이다. 스스로를 안으로 접고 접어 만든 골짜기는 타인에 대한 배려와 이해가 숨 쉬는 공간이 된다. 골이 깊으면 산이 높듯이 넉넉한 소매주름은 정신의 고양高揚을 머금고 있다.

한복의 세 번째 미덕은 느림이다. 아침마다 부랴부랴 양복바지와 저고리를 걸치는 둥 마는 둥 출근길 재촉하는 오늘 우리 일상에서 한복과의 동거는 애당초 무리다. 호들갑스럽고 덜렁대는 사람은 한복을 제대로 입기 어렵다. 가령 바지를 겹으로 싸서 허리띠 묶고 대님 매고 고름 추스르는 작업은 시간과 인내를 요구한다. 무한도전과 경쟁의 대오에 떠밀려 강박과 피곤에 물든 영혼은 돌아보기조차 힘든 우리 현실에서 한복의 느림은 호사豪奢다. 인디언들은 말을 타고 달리다 가끔 멈춰서 자기 영혼이 따라오는지 뒤를 돌아봤다고 한다. 깃과 술이 많아 치장하는데 거추장스럽지만 품이 넉넉한 인디언 복장에서 한복의 넉넉함과 느림의 정신을 떠올린다면 우연의 일치 혹은 나만의 견강부회일까.

넉넉할 유裕는 여유餘裕, 부유富裕 혹은 유복裕福과 같이 그 쓰임말도 참 좋다. 일본어에는 여유를 뜻하는 유토리ゆとり란 말이 있고 영어로는 가외加外, redundancy라는 말이 있다. 남는 공간에 타인에 대한 이해와 배려를 담고 잠시 멈추어 자신의 영혼을 사색해 보도록 이끄는 글자 유裕가 참 어여쁘지 아니한가.

2015년은 양띠 해다. 양은 동작이 느리고 둔감하나 날뛰지 않고 유유하며, 군거群居하면서도 서로 우위다툼이나 독점욕 없이 순박하다고 한다. 그 순수한 본성 때문에 때론 희생양犧牲羊이 되기도 하지만. 넉넉함으로 품고 사색하는 느림을 지닌 소매주름을 새해 아침에는 새삼 살펴볼 일이다.

엘리베이터 안의 모기*

가을 깊어지고 찬바람 나면 낚시꾼들이 좋아하는 이유는 이듬해까지 모기떼와 휴전할 수 있기 때문이다. 그런데 도시는 사정이 다르다. 지구온난화에다 낮밤 구분 없는 인공조명, 시멘트 숲 빌딩과 아스팔트, 공장, 자동차, 에어컨이 내뿜는 열기 속으로 사시사철 모기가 암약한다. 아파트공화국은 이미 겨울이건만 게릴라처럼 잠복한 모기와 달갑지 않게 조우하게 되는 곳은 바로 엘리베이터 안이다.

모기는 혐오와 두려움과 분노의 대상으로 고정관념화 돼 있다. 어릴 적 뇌염 예방주사 경험, 치명률 높은 그 바이러스 감염 매개체가 모기라는 학습, 왱왱거리는 그놈의 소리, 화들짝 잠 설치고 그놈 처단도 실패한 뒤 다시 잠들지 못하는 불면의 밤, 운좋게 때려잡고 나서 확인되는 흡혈의 빨간 증거, 이미 내 몸에 뿌려

* 《기호일보》 2017년 12월 18일자 게재

졌을 바이러스의 공포, 이런 관념들이 만들어낸 그놈의 밉상.

반복되는 경험은 사유를 자극해서 개별적 사실 음미에서 점차 일반적 추상적 사고로 나아간다. 모기도 마찬가지다. 사회심리 혹은 문화심리 연구자라면 엘리베이터 안에서 모기와 맞닥뜨린 사람들이 어떻게 반응하는지, 그 반응은 사회상황이나 문화맥락에 따라 어떤 차이를 보이는지를 흥미롭게 관찰했으리라. 모기, 모기가 주는 혐오와 공포는 우리사회 도처에 존재하면서 나 혹은 타인에게 있을 수 있는 현재적 혹은 잠재적 위험의 은유다. 엘리베이터는 이런 위험과 마주한 우리의 인식과 행동이 선택되는 시공간이다.

독일 사회학자 울리히 벡Ulich Beck은 현대 산업사회를 위험사회Risiko-gesellschaft로 규정했다. 이때 위험이란 직접적 위험의 상태danger뿐만 아니라 산업화가 낳은 기술과 과학, 담론, 사회구조와 시스템일 수도 있다. 그것들이 위험을 낳는 사회적 근원으로 돌변할 가능성은 그에 내재된 풍요 지향의 원리와 구조 때문이다. 물질적 풍요를 향한 동물적 생존경쟁 논리는 약육강식과 우승열패라는 진화주의와 한 몸이다. 적자생존의 틈바구니에서 삐져나오는 온갖 위험은 결국 개인의 책임이 되고 궁극적으로 약자에게 전가된다.

한국사회는 서구사회가 오랫동안 겪은 산업화의 우여곡절과 터널을 유례없이 압축적으로 앞만 보고 통과하면서 과실果實을 누렸다. 세상에 공짜는 없다. 산업화·도시화의 그늘에 가려졌던 상처들이 꼭 한 세대를 건너 한강다리와 백화점이 무너지는 위험으로 극명하게 나타났다. 물질만능과 각자도생의 후과後果는 그 후로도 오랫동안 우리사회를 관통하고 있다. 양극화, 약자 차별과 소수자 배제, 혐오의 사회적 양산과 만연은 세계 최고 수준의 자살율과 사회갈등지수, 최저 수준의 출산율과 행복지수로 표현된다. 이런 현실을 성찰하고 이의를 제기하고 고발하고 비판하며 참여하는 것을 통해 위험사회로의 폭주를 멈추게 하거나 적어도 느리게 할 수 있을 것이다.

모기, 엘리베이터 안의 위험과 마주한 우리의 선택은 크게 두 갈래다. 나에게 덤비지 않는 한, 즉 내게 닥친 현재적 위험이 아니라면 피하면 그 뿐. 혹은 누군가에게는 해악을 끼칠 그놈을 내가 인지한 이상 나는 피할 수 있으되 그 누군가를 위하여 내가 손수 척결에 나서는 것. 강도를 만나 죽어가는 사람을 구해준 성서 속 사마리아인이 있다. 반대로 호수에 빠져 허우적내며 죽어가는 사람을 조롱한 청소년들, 심장마비로 의식 잃고 죽어가는 택시기사는 내팽개치고 트렁크 속 골프백만 갖고 사라진 사람들도 있다. 법과 양심, 개인의 자율성이 충돌한다.

여기 나치Nazis 전복을 꾀하다 체포돼 처형된 신학자 본회퍼 Dietrich Bonhoeffer는 이렇게 말했다. "만일 미친 사람이 큰길로 자동차를 몰고 간다면 목사인 나는 희생된 사람들의 장례식이나 치러주고 그 가족을 위로하는 걸로 책임을 다했다고 할 수 있겠는가? 만일 그 자리에 있었다면 핸들을 빼앗았어야 옳지 않았겠는가?" 그는 〈옥중서간〉에서 이렇게 썼다. "내가 고통을 당하고 매 맞고 죽는 것, 이것이 그리 심한 고통은 아니다. 나를 참으로 괴롭게 하는 것은 내가 감옥 속에서 고난을 당하고 있는 동안 '밖이 너무 조용하다'는 사실이다."

독일 사회학자 울리히 벡Ulich Beck은
현대 산업사회를 위험사회Risiko-gesellschaft로 규정했다.
이때 위험이란 직접적 위험의 상태danger뿐만 아니라
산업화가 낳은 기술과 과학, 담론,
사회구조와 시스템일 수도 있다.
그것들이 위험을 낳는 사회적 근원으로 돌변할 가능성은
그에 내재된 풍요 지향의 원리와 구조 때문이다

또 다른 목사 니묄러Martin Niemoeller는 위험에 대한 '침묵沈默의 대가代價'를 이렇게 증언하였다. "나치가 공산주의자들에게 왔을 때/나는 침묵하고 있었다./나는 공산주의자가 아니었으니까./그들이 사회주의자들을 가둘 때/나는 잠자코 있었다./나는 사회주의자가 아니었으니까./그들이 노조에게 왔을 때/나는 항의하지 않았다./나는 노조가 아니었으니까./그들이 유태인에게 왔을 때/나는 침묵을 지키고 있었다./나는 유태인이 아니었으니까./그들이 내게 왔을 때/아무도 항의해 줄 이가 남아 있지 않았다."

지인이 말했다. "엘리베이터 모기는 대개 뒷덜미에 몰래 붙어서 집안에 숨어들지. 그러니 엘리베이터에서 내릴 땐 뒷덜미를 조심하라고." 맞다. 뜻하지 않은 어떤 위험도 친절하게 내 앞에서 인사하며 다가오지는 않지. 뒤에서 느닷없이 우리 뒷덜미를 확 붙잡아 버리지. 대부분 사람들은 모기가 우리 몸속에 제 주둥이를 찔러 넣은 뒤에야 알아챈다지. 따끔한 고통을 느낄 땐 이미 늦지. 피 빨린 뒤 때려잡아도 사후약방문이지. 그러니 발견 즉시 신고 아니 타살해야 하는 건 그게 이타적일뿐 아니라 지극히 이기적이기 때문이지.

복지의 영역으로 들어 온 기후변화*

지난 1월 21일 경기도 고양, 한 다가구주택 반 지하 월세月貰 방에서 사회와 고립돼 살던 세 자매가 곰팡이 핀 작은 방에서 영양실조와 정서불안 등 심신이 피폐해진 상태로 발견됐다. 추위가 유난한 이 겨울에 고추장과 라면으로 연명하던 그들에게 난방은 누릴 수 없는 호사였다. 자매는 떨면서 지냈다. 작년 11월 전남 고흥의 참혹한 화재사고도 아직 기억에 생생하다. 한 조손祖孫 가정에서 여섯 살 소년과 부모 대신 손자를 키우던 예순 할머니가 잠을 자다가 숨졌다. 함께 잠자던 거동 불편한 할아버지는 심하게 다쳤다. 화재의 원인이 된 촛불은 자다가 새벽에 일어나 요강을 찾는 손자를 위해 할머니가 켜놓았던 것이다. 이 집은 반년 동안 15만원의 전기료를 체납해서 전력제한조치를 받고 있었다. 제한적이나마 전기를 써도 되는지 그들은 몰랐다.

* 《경기일보》 2013년 2월 14일자 게재.

자연이건 인간사회건 온전히 평등한 세계가 어디 있으랴마는 에너지 소비만큼 극명한 게 또 있을까 싶다. 동물과 매 한가지로 사람도 살아가기 힘든 겨울에, 일그러진 가정과 사회적 무관심 속에 얼마나 많은 사람들이 마치 동면冬眠하듯 살아가는 것일까. 우리 사회가 소비하는 그 많은 에너지는 어디로 갔단 말인가.

우리나라가 지난 반세기동안 이룩한 경제성장은 자못 놀랍다. 국내총생산GDP 규모는 선진국 그룹으로 분류되는 34개 OECD 국가들 중에서도 아홉 번째고 1인당 GDP도 2만 불을 넘어서 있다. 더욱 놀라운 건 전기를 포함한 에너지 소비 규모다. 2010년

우리가 사는 지구는 앞으로 점점 더 심각한
기후변화의 양상을 마주하게 될 것이다.
그에 따라 강도 높게 빈발하는 자연재해 등 각종 피해와
비용부담은 불행히게도 사회적 취약계층을 향해 있다.
에너지 가격의 불가피한 상승은
저소득층의 에너지 소비를 더욱 위축시킬 것이다.
폭염과 혹한, 폭설과 집중호우에 무방비인 것은
열악한 그들의 주거환경일 터이다

기준, GDP 대비 전력소비량은 0.581kwh/$로 일본의 0.203 미국의 0.353 보다 훨씬 많고 OECD 평균(0.334)의 1.7배에 달한다. 1인당 전력소비량에서도 한국은 연간 9,510kwh/년으로 프랑스 7,894 일본 8,110 보다 훨씬 많아서 미국(13,268) 다음으로 세계 2위다. 그럼에도 대량정전사태의 경고음은 커져만 간다.

이 불편한 진실 정반대편에 '에너지 빈곤층Fuel Poverty' 문제가 있다. 적정 난방온도, 연료비지출, 주거환경 등이 에너지 빈곤을 나타내는 일반적 지표로 쓰이지만 소득대비 연료비지출 비중을 살피는 것이 설득력이 크다. 에너지경제연구원의 한 연구에 따르면, 2010년 최저생계 광열비 기준을 넘지 못하는 가구는 대략7%, 최소한으로 필요한 에너지소비량 기준을 넘지 못하는 가구는 8%로 나타났다. 정부는 지난 2007년 한전, 가스공사 등 25개 에너지 기업·기관과 공동으로 '에너지복지헌장'을 채택하고 2016년까지 120만 가구에 달하는 에너지빈곤층을 없애겠다고 천명했다. 그러나 이러한 정책목표에도 불구하고 에너지 빈곤에 대한 합의된 개념이나 정책 대상에 대한 구체적 접근이 어떻게 되고 있는지는 미지수다. 그 결과 에너지빈곤 가구는 오히려 더 늘어 130만 가구를 넘을 것으로 보인다. 올 겨울에도 이들에게는 사랑의 '연탄'이 배달될 뿐이다. 고효율 조명기기나 태양광,

도시가스와 같은 재생에너지 공급 서비스는 그들이 처한 낙후된 주거환경에서 보면 아직은 멀어 보인다.

우리가 사는 지구는 앞으로 점점 더 심각한 기후변화의 양상을 마주하게 될 것이다. 그에 따라 강도 높게 빈발하는 자연재해 등 각종 피해와 비용부담은 불행하게도 사회적 취약계층을 향해 있다. 온실가스 감축과 에너지 가격의 불가피한 상승은 저소득층의 에너지 소비를 더욱 위축시킬 것이다. 폭염과 혹한, 폭설과 집중호우에 무방비인 것은 열악한 그들의 주거환경일 터이다.

추위에 떨지 않고 취사에 필요한 에너지는 복지 이전에 인간으로서의 생존을 위한 최소한의 기본권이다. 지금 우리사회는 어느새 일상이 된 전력대란의 공포 속에서 전력공급확대의 목소리가 팽배해 있다. 발전소가 늘어나면 에너지빈곤층은 해소될까. 공급확대냐 수요관리냐 하는 에너지합리화 이전에 에너지의 인간화가 필요하다. 2011년 고흥의 촛불, 2012년 고양의 세 자매 외에도 에너지복지의 사각지대에서 사회적 동면에 빠져 있는 이들이 얼마나 될까.

간지 밝히는 사회*

일터와 학교로 종종걸음을 치는 도시의 아침은 언제나 빠듯하고 분주하다. 중학생 딸과 아내가 잦은 실랑이를 하는 때기도 하다. 아내는 아침밥 챙기려 마음이 급한데 딸은 밥 대신 거울 앞에서 머리 매만지느라 여념이 없다. 그럴 나이이겠다 싶기도 하지만 가끔씩 눈에 들어오는 유난히 짧고 꽉 끼는 교복 치마를 볼때 솔직히 엄마는 못마땅한 것이다. 어쩌다 딸아이를 학교까지 차로 데려다 주며 보게 되는 학생들의 치마와 비교를 하면 딸아이 치마는 또래들 것에 비해 외려 촌스러운 축에 속한다. 겉모습이 지상至上의 가치로 소비되는 우리의 씁쓸한 세태를 아이들이 그대로 따라하고 있다는 생각이 든다. 내가 꼰대가 된 탓일까.

아닌 게 아니라 우리사회는 '간지' 밝히는 사회다. 간지感じ는 느낌을 뜻하는 일본어인데 우리 사회에선 '멋'이라는 뜻의 속어

* 《중부일보》 2013년 11월 1일자 게재.

로 쓰이고 있다. 우리말에도 '간드러진 멋이 있다'는 뜻의 '간지다'라는 말이 있다. 임기를 마치고 귀향한 故 노무현 대통령이 밀짚모자 쓰고 구식 자전거 타고 논둑길을 달리던 소박한 모습이 한 때 '노간지'로 회자됐었다. 그런데 고상한 품격이나 운치를 내포한 이 '멋'이, 귤이 탱자가 되듯 눈에 뵈는 차림새나 치장만을 뜻하는 것으로 변질됐다.

우리나라는 현재 미국에 이어 세계 2위 시장규모를 가진 아웃도어 강국으로 부상했다. 히말라야를 등반하는 전문 산악인에게나 어울릴 법한 아웃도어 메이커들은 스타 연예인을 광고모델로 내세워 철마다 가격을 올린다. 그 이미지는 청소년층의 시선까지 사로잡았다. 수백만 원짜리 굴비를 위시해 우리의 명절 선물세트는 고가일수록 품귀현상을 빚는다. 최소한 17년산은 마셔야

『장자莊子』 외편에
'범외중사내졸凡外重者內拙'이란 공자님 말씀이 실려 있다.
무릇 눈에 보이는 것만을 좇는 사람은
스스로의 내면을 졸렬하게 할뿐 아니라 사회 전반의 정신까지
부박하게 만든다는 아주 오래전 깨우침이다.

하는 게 우리의 양주 소비 실태다.

세계 1위 성형대국이라는 통계는 이 불편한 진실의 압권이다. 인구대비 성형수술 비율이 가장 높고 세계 성형시장의 4분의 1을 차지하는 우리나라에서, 성인남녀의 3분의 2가 '외모가 곧 능력이자 자기관리의 척도'라고 응답했다는 조사결과도 낯설지 않다. 여성을 위한 헌사였던 '꽃'이란 수식어는 꽃미남에서 꽃중년으로까지 이어져 남성화장품 시장이 1조원을 넘을 것이란 전망도 있다. 얼짱과 몸짱, S라인과 식스 팩 복근은 우리의 남녀노소 모두를 주눅 들게 한다. 몸과 외모마저 명품으로 재생산하고 유통하고 소비해야 하는 사회를 뭐라 설명해야 할까.

과시욕이나 허영심을 채우기 위해 비싸면 비쌀수록 손에 넣기 위해 기를 쓰는 상류사회의 속물근성을 '베블런효과'로 부른다. 그런데 지금 우리사회가 심각한 건 그것이 몰지각한 일부 계층의 병리로만 치부할 수 없을 정도로 만연한 현실에 있다. 2010년 글로벌 컨설팅기업 맥킨지는 세계에서 가장 명품친화적인luxury friendly 국가가 한국이라고 꼬집었다. 고급제품으로 자신을 구분하려는 문화와 남에게 뒤처지면 안 된다는 '사회적 압력'이 그 배경이라고 봤다.

이 사회적 압력이 구성원 전반에 어떻게 작용해 왔는지는 정신건강을 다룬 OECD 보고서로 그 일단이 확인된다. 보고서는 한국을 세계 최고수준의 자살률과 알코올남용, 도박과 인터넷 중독, 학교폭력 등 정신적 고통이 만연한 나라라고 진단했다. 남보다 더 늦게까지 일하고 더 높은 지위에 오르고 더 잘살고 더 좋은 성적을 내야하는 부모와 아이들의 전쟁 같은 일상이 한국인을 절박한 스트레스에 시달리게 한다. 이런 마음의 병이, 허기진 자존감을 부추겨 외모와 명품, 스펙과 학벌, 돈과 권력으로 꾸미고 채우고 달래야 하는 브레이크 없는 현실에 우리를 올려놓은 게 아닌지.

『장자莊子』 외편에 '범외중자내졸凡外重者內拙'이란 공자님 말씀이 실려 있다. 무릇 눈에 보이는 것만을 좇는 사람은 스스로의 내면을 졸렬하게 할뿐 아니라 사회 전반의 정신까지 부박하게 만든다는 아주 오래전 깨우침이다.

2013년
자살공화국의 묵시록*

지구온난화의 역설이 만드는 매서운 겨울. 북반구의 그것은 연말과 함께여서 더욱 분주하다. 한 해의 끝자락 12월은 그래도 '잠시 멈춤'이다. 말을 타고 달리다 가끔씩 멈춰 뒤를 돌아보던 인디언처럼, 우리도 우리의 '영혼'이 잘 따라오고 있는지 내면의 갈무리와 성찰이 필요한 때다.

3월 경산에서는 고교 1학년 학생 하나가 아파트 23층에서 뛰어내렸다. 2년 넘게 그를 괴롭혔던 친구라는 이름의 가해자들이 그의 노트에 적혀 있었다. 4월 대구에선 뇌졸중으로 투병하던 아내와 자신의 실직을 비관한 40대 가장이 연탄불을 피워 목숨을 끊었다. 영문도 모르고 곤잠 자던 초등학교 2학년 쌍둥이 두 아들은 아빠의 일그러진 가족애와 함께 영원히 잠들어야 했다. 5월 논산에선 과로에 시달리던 32세 사회복지 공무원이 임용된

* 《중부일보》 2013년 12월 26일자 게재.

지 1년 만에 새벽열차에 뛰어들어 목숨을 끊었다. 7월 의정부에선 장애등급재판정으로 수급권을 박탈당하게 된 4급 장애인이 스스로 목숨을 끊었다. 다섯 살 때부터 간질장애를 앓아온 이 장애인은 30년간은 가족의 도움으로, 이후 4년은 기초생활수급자로 근근이 생계를 이어 왔었다. 9월 부산에서는 60대 할머니가 백골로 발견됐다. 보증금 700만 원짜리 할머니 집 월세 10만원은 오랫동안 밀려 있었다. 평생 독신으로 살았던 할머니는 두꺼운 옷에 목장갑을 낀 채 5년 동안이나 누워 있었던 것이다.

10월 천안에선 삼성전자 협력업체 서비스 노동자가 번개탄을 피우고 자살했다. 배가 고팠고 노동조합 문제로 너무 힘들었다는 유서를 남긴 그는 돌을 앞둔 아이 아빠였다. 11월 당진에선 6살 때 교통사고로 식물인간이 된 아들을 25년간 돌보던 아버지가 집에 불을 질러 함께 숨졌다. 식물이 된 아들은 오랜 간병에 기력이 다한 아버지 품에 안겨 서러운 생을 마감했다. 그리고 인천에선 50대 기러기아빠가 번개탄을 피웠다. 4년 전 미국에 보낸 아내와 두 아들을 그는 한 번도 만나지 못했다. 줄어드는 일감으로 형편은 계속 나빠지고 몸과 마음의 건강을 모두 다 잃은 아빠는 끝까지 책임지지 못해 미안하다는 유서를 남겼다. 그의 장례식도 혼자였다.

'생명은 소중합니다.' 라거나
'삶을 포기마지 마세요.' 라는 선의의 충고를 단지
반복하는 건 한편으론 부적절한 사회적 관용인 동시에
사회적 무관심이다.
우리 사회를 위험에서 실제로 구해내는 것은
자살에 대해 단호히 혐오하고 질타하는 사회적 태도다.

2003년 이래 계속된 OECD 자살률 1위가 우리사회의 민낯이다. 개개 자살에 깃든 참혹한 이야기를 넘어 전체 사회 수준에서 자살의 집단적 현상이 굳어져 가는 게 문제다. 100여 년 전 사회적 사실로서의 자살에 천착한 뒤르켕Durkheim의 진단과 처방에서 새삼 현실설명력을 발견한다. 도덕적으로 퇴폐적인 사회일수록 자살이라는 비도덕적 행동에 대한 탐닉을 자극함으로써 자살의 비도덕성을 애매하게 만든다는 게 그의 통찰이다. '생명은 소중합니다.'라거나 '삶을 포기마지 마세요.'라는 선의의 충고를 단지 반복하는 건 한편으론 부적절한 사회적 관용인 동시에 사회적 무관심이다. 우리 사회를 위험에서 실제로 구해내는 것은 자살에 대해 단호히 혐오하고 질타하는 사회적 태도다.

그런데, 개인들을 벼랑으로 내모는 불안정한 국가는 자살과 같은 집합적 질병을 치유할 충분한 힘이 없다. 개인들에게 진정한 도덕적 영향력을 행사할 수 있는 새로운 생활형태의 싹, 새로운 사회적 형태의 모색에 단호히 착수해야 한다고 뒤르켕은 역설하고 있다. 더 나은 공동체를 추구하는 미국의 비영리단체 '코드 포 아메리카Code for America'의 설립자 폴카Jennifer Pahlka의 말처럼 한 명의 이웃이 정부보다 훨씬 더 효과적인 대안일 수도 있는 것이다.

다시 한 해를 시작하는 우리의 영혼이 더는 무미건조하고 황량한 사막이 되어서는 안 된다. 이름 없는 삶들이 소리 없이 너무 많이 스러져 간 2013년의 묵시록이 다시없기를 소망해 본다.

팽목항에 서서*

작은 사고구나 싶었다. 그날 오전 11시 06분, 수학여행에 올랐던 324명의 학생들이 전원 구조됐다는 텔레비전 자막이 나올 때까지는. 오후 들어 사태는 급변했다. 4시 30분 구조 174명, 그렇다면? 서둘러 진도를 향해 가는 차안에서 모골이 송연해졌다. 목포 한국병원에 도착했을 때 그날의 비극은 서막을 열어 보이고 있었다. 환갑 기념으로 제주도 여행을 떠난 인천의 한 초등학교 동창생 17명의 운명도 기구하게 엇갈렸다. 구사일생의 한 사내는 미처 빠져 나오지 못한 친구를 떠올리며 꺽꺽 울었다. 자정 가까운 시각 진도대교를 건널 때 불빛아래 휘감아 도는 물살은 참말 무서웠다.

진도 체육관 앞 대형 스크린, 울돌목만큼이나 드세다는 맹골

* 《인천일보》 2014년 5월 9일자 게재. 2014년 4월 16일 세월호가 침몰했다. 당일 오후에 나는 진도로 내려갔고 나흘 동안 거기 있었다.

수도에서 수백의 가엾은 생명들이 세월世越호 그 저주스런 이름과 함께 가라앉고 있었다. 채 젊어 보지도 못한 어린 영혼들이 수장되어 가는 실제를 뻔히 눈 뜨고 지켜보는 상황, 말도 안 되고 용납할 수도 용서할 수도 없는 이 상황이야말로 지옥의 묵시록이었다. 그날 밤 내내 가족들은 줄곧 울부짖고 줄곧 서서 발을 굴렀다. 다음날 그들은 주저앉았고 그 다음날엔 하나 둘 쓰러졌다. 아이들의 교감선생님은 진도체육관이 보이는 뒷산에서 목을 맸다.

새벽의 팽목彭木항도 아비규환의 생중계였다. 칠흑 같은 바닷물 속에서 스러져가는 거친 호흡들이 불렀을 산 자의 이름들이, 선실의 창문을 손톱으로 긁으며 절규했을 그 호흡들을 몸서리치며 지켜봐야만 했다. 눈앞에서 제 새끼가 죽임을 당하면 어미 염소는 창자가 새까맣게 타들어가 죽고 어미 원숭이도 창자가 토막토막 끊어져 죽었다는 단장斷腸의 슬픔. 자식을 잃은 참척慘慽의 슬픔에 가슴엔 피가 흐르고 눈까지 멀어 버린 듯 상명喪明의 고통에 팽목항은 깊이 신음했다.

2014년 4월 16일, 통곡의 바다, 절망의 대한민국. 나는 내내 처절한 무기력을 실감했다. 선의의 무능과 무익한 부지런함은 차고 넘쳤다. 내가 가진 모든 지혜를 끌어 모아도 손톱만치도 바꿀 진도 팽목항에는 다음날부터 사흘 동안 내리 비가 내렸다.

바람이 불었고 물결이 사나웠다.

음력 3월 보배섬 진도의 산과 들은 새삼 푸르렀다.

사랑하는 사람을 잃고 마주하는 아름다움은

심장을 꿰뚫는 칼과 같다고 했다.

수 없는 상황이 있다는 것을 알았을 때 나는 슬펐다. 살아남은 자의 슬픔이란 이런 것이리라. 어쩌면 아니 확실히 운이 좋았기 때문에 나는 그 많은 학생들보다 오래 살아남아 있는 것이리라. 그날 밤 내내 할 말이 없었고 아무 말도 하지 못했다.

채 피지도 못한 가녀린 생명들을 무지막지 집어 삼킨 바다 앞에서 문득 중학교 3학년 딸아이가 눈물 글썽이며 되뇌던 한마디도 생각났다. "공부만 하다 죽었구나. 하고 싶은 거 하나도 해 보지 못하고." 그러자 나는 또 아팠다. 꽃다운 생명이라고, 과연 꽃답게 살아보기는 했던 아이들인가. 그들을 삼킨 건 바다가 아니었다.

생과 사의 현실은 비정했다. 바다 한 편의 내려놓을 수 없는 사랑과 다른 한 편의 건너올 수 없는 죽음이여. 부디 서로 자유를 만나 함께 하기를. 짧은 생이라도 겪었을 번뇌와 고통의 바다를 건너 저 이상향의 언덕 위로, 비록 날벼락 같더라도 도피안到彼岸 하기를. 뒤돌아보지 말고 그대들 잘 가라. 보낼 곳을 찾지 못하면서도 묻어두지 않고 울렁거림을 참지 못해 토해내야만 할 부치지 못한 편지. 이 말밖에는 지금으로선 그 어떤 한마디도 전할 자신이 없다.

진도 팽목항에는 다음날부터 사흘 동안 내리 비가 내렸다. 바람이 불었고 물결이 사나웠다. 음력 3월 보배섬 진도珍島의 산과 들은 새삼 푸르렀다. 사랑하는 사람을 잃고 마주하는 아름다움은 심장을 꿰뚫는 칼과 같다고 했다. 팽목항 앞바다는 검고 탁한 물결만 넘실댔다. 사람들은 여전히 시퍼렇게 멍들고 새까맣게 타버린 가슴을 쓸어안고 서 있었는데, 그런 사람들을 집어삼키려는 듯 검고 탁한 혓바닥 같은 물결이 쉴 새 없이 밀려왔다.

'돈'과 '나'*

"어떤 한 도시를 아는 편리한 방법은 거기서 사람들이 어떻게 일하고 어떻게 사랑하며 어떻게 죽는가를 알아보는 것"이라고 카뮈Albert Camus는 말한다. 국가나 사회도 마찬가지다. 뱃머리만 간신히 물 위에서 버티다 그마저도 이틀 뒤에 가라앉은 세월호는 대한민국이라는 공동체의 섬뜩한 상징이 됐다. '이게 나라인가'라는 개탄과 비통하고 부끄럽다는 참회가, 내남을 물론하고 국가와 국민 모두의 책임이라는 자성이 봇물처럼 쏟아졌다. 이런 총체적 성찰은 이제 우리 공동체의 변화를 위한 동력으로 바뀌어야 한다. 그러기 위해서는 먼저 몇 겹의 껍질 속에 견고하게 똬리 틀고 있는 원인의 근저, 문제의 신원을 파고들어 끄집어내야 한다.

우리 공동체는 어떻게 살아 왔고 어떻게 죽어가고 있는가. 일

* 《경기일보》 2014년 6월 3일자 게재.

찍이 독일 사회학자 벡Ulrich Beck은 격렬한 남북대치 상황에서도 경이로운 경제성장을 이룬 한국이지만 '성찰 없는 근대성의 과잉'이 한국을 대표적인 초超위험사회로 내몰고 있다고 경고한 바 있다. 돌아보면 우리의 근현대사는 식민지배와 분단, 냉전과 권위주의로 점철된 정치사회적 혼란기였고 급격한 산업화에 따른 경제적 불균형이 심화된 시기였다. 형식적 민주주의의 꽃을 피웠지만 시민사회는 확립하지 못했다. 세계 7위의 수출 강국을 이뤘지만 그 열매는 독점되고 낙수落水되지 않았다.

우리의 근대화는 전근대적 시스템과 제대로 결별하지 못했다. 과정과 절차를 생략했고 원칙과 가치를 유보한 채 진행됐다. 정치와 경제가 한 몸이 되면서 정치가 부를 탐했고 경제는 권력을 더럽혔다. 국가와 자본의 성벽은 높아 갔고 시민과 노동의 소외는 커져 갔다. 정부와 시장, 시민사회는 건강한 세 발로 서지 못했다. 오랜 기간 동안 절대빈곤을 경험한 사회구성원 모두에게는 '잘 살아보세'와 '부자 되세요'가 지상至上의 복음이 됐다. 너나없이 황금에 절 했고 황금열매를 제대로 나눠주는 시스템이 없었으므로 먼저 따 먹는 게 임자였다. 온갖 정실과 연고, 처세와 술수가 무한경쟁의 외피를 쓴 채 만연했다.

'돈'과 '나'는 어느새 우리사회의 두 가지 절대명제가 돼 버렸다. 각자도생各自圖生의 사회는 극도의 이기주의와 무책임을 낳았고 물신주의物神主義는 직업윤리와 사람 중심의 가치를 구석으로 밀쳐냈다. 생명과 안전도 같은 운명이 됐다. 그 결과 세계 13위의 경제대국은 산업재해와 교통사고사망, 자살률에선 1위가 됐고 사람들은 너나없이 행복하지 않다고 느끼게 됐다. 그러는 사이 우리사회는 각 부문에 작은 위험들이 쌓이고 쌓여 상시적으로 폭발의 임계점 부근을 맴도는 사회가 돼 버렸다. 그리고 세월호가 가라앉았다.

"한국 국민이 이 사건을 계기로 윤리적, 영적으로 새롭게 태어나길 바란다."는 로마 교황의 위로는 동시에 통렬한 죽비다. 교

너나없이 황금에 절 했고
황금열매를 제대로 나눠주는 시스템이 없었으므로
먼저 따 먹는 게 임자였다.
'돈'과 '나'는 어느새 우리사회의 두 가지 절대명제가 돼 버렸다.
각자도생各自圖生의 사회는 극도의 이기주의와 무책임을 낳았고
물신주의物神主義는 직업윤리와 사람 중심의 가치를
구석으로 밀쳐냈다.

황은 또 말했다. "한 사회의 모습은 그 안에 사는 구성원 모두의 얼굴로 만들어진 모자이크 같은 것이다. 지도자나 관리들이 보다 큰 책임을 지고 있겠지만 좋은 일이든 나쁜 일이든 모든 시민도 공동 책임을 지고 있다."

세월호 참사는 시스템의 문제이고 사람의 문제다. 매뉴얼의 문제면서 영혼의 문제다. 그럼에도 사람이 희망인 것은 매뉴얼도 시스템도 사람의 피조물이기 때문이다. 사람이야말로 사회의 구조적 병폐를 치유할 수 있는 최고의 주체이기 때문이다. "겨우 한 사람이기 때문에 아무 힘이 없는 것이 아니라, 한 사람 한 사람의 통렬한 반성과 냉철한 비판이 모여 세상을 좀 더 낫게 할 수 있다"고 융Carl Gustav Jung은 말한다.

만인이 만인에 대해 투쟁을 벌이며 근근이 살아가는 위험천만의 세상은 반드시 끝내야만 한다. 거대하고 무시무시한 바다 괴물 '리바이어던'은 아주 예외적으로만 우리의 자유와 평화, 생명과 안전을 지켜줄 뿐이라는 사실 앞에 결코 슬퍼하거나 노여워하지 말자. 만인의 만인에 대한 희망 찾기에 나서는 것이 우리 각자의 삶을 지키는 최소한의 보루로서 불가피하고 현명한 것이기 때문이다. 더 이상은 우리사회가 '돈'과 '나'로 일그러진 자화상이어서는 안 된다.

사회자본과 사회안전망*

무릇 위기가 가장 좋은 학습의 기회라고 한다. 침몰한 세월호가 대한민국을 상징하는 섬뜩한 은유였다면 이번 참사가 주는 가장 큰 학습효과 중 하나는 우리가 얼마나 복원력 있는 공동체인지 그 복원력의 요체인 평형수는 제대로 채우고 나아가고 있는지를 다함께 살펴보는 일이다.

기 소르망Guy Sorman은 한국이 타인의 감정과 고통에 둔감한 냉혹하고 폭력적인brutal 사회라고 진단했다. 과연 그렇지 않은가. 어쩌다 이리 되었을까. 지난 반세기 우리가 이룬 산업화와 민주화는 개발독재가 이끈 성장제일주의의 산물이다. 성장제일주의는 과정과 질서에 대한 믿음을 해체하고 '돈'과 '나'가 '사람'과 '이웃'에 우선하도록 만들었다. 개발독재는 권력과 자본을 한데 묶고 시민과 노동을 약화시켰다. 상층과 기층의 간극이 커졌

* 《경기일보》 2014년 6월 20일자 게재.

고 상호간에 다른 생각과 감정을 이해하고 공유하는 사회적 감수성은 취약해졌다. 그 결과 정치적으론 보수와 진보가 좌우를 흔들고 경제적 양극화가 아래위로 흔들어대는 방주 신세가 됐다.

이 서글픈 물신주의와 각자도생의 공동체에 이렇듯 만연한 불신과 분열을 어떻게 치유할 것인가. 생텍쥐페리는 인간은 상호관계로 묶어지는 매듭이요 거미줄이며 그물이라고 했다. 인간관계만이 유일한 문제이자 해법인 셈이다. 우리 공동체가 안전하게 항진할 수 있는 복원력Restoring Force도 인간관계에 있다. 그것은 곧 사회자본Social Capital이다.

유엔과 OECD는 한 공동체 내의 사회적 관계의 질과 양을 사회자본으로 정의한다. 사회집단 간의 협력을 촉진하는 규범과 가치, 인식을 공유하는 네트워크를 자본으로 보는 이유는 금융자본과 마찬가지로 그것이 오랜 기간에 걸쳐 축적되는 것이며 구성원들 사이에 거래비용이나 갈등조정비용을 줄이고 계층간 유대와 연결을 촉진함으로써 정서적으로 사회경제적으로 우리에게 편익을 제공하기 때문이다. 동질적 정체성, 친절, 유대감, 공감, 상호존중과 참여를 포함한다. 세계적으로 신뢰지수, 친절과 관용지수, 투명성지수, 기부지수 등을 측정한다.

신뢰Trust는 대표적 사회자본이다. 사람에 대한 신뢰와 제도에 대한 신뢰를 포함한다. 이웃에 대한 신뢰, 낯선 타인에 대한 신뢰, 경찰과 같은 정부에 대한 신뢰, 직장에서의 신뢰는 사회를 효과적으로 작동하게 한다. 그렇지 못한 사회일수록 구성원을 파편화시키고 의사소통을 어렵게 하며 불안감을 높이고 소속감을 떨어드린다. 위급한 상황에서 남에게 도움을 청할 수 있다는 사람의 비율에서 한국은 덴마크와 미국은 물론 짐바브웨보다 낮았다. 각국 사람들의 친절을 계량화한 OECD 조사에서 한국은 거의 하위권으로 나타났다. UN보고서에 한국인의 관용도는 최하위였다. 국제투명성기구의 부패인식지수에서 우리나라는 세계 176개국 중 45위였지만 OECD회원국 34개국 가운데는 27위였다. 세계 나눔 지수에서 우리나라는 잠비아와 케냐, 캄보디아보다 저조했다.

개인들이 스스로의 삶의 경로를 선택할 수 있다고 느끼는 정도를 자유라고 한다면 이 또한 중요한 사회적 자본이다. 우리는 자유에 대한 뒤틀린 해석과 행태를 많은 곳에서 목격한다. 라면 상무와 같은 방종, 내 자유의 극단적 추구가 만연하고 타인의 자유에 대한 무관심과 무책임이 팽배하다. 낮은 투표율에서 보듯 참여의식도 취약하다. 이렇듯 우리사회에서 자유라는 이름의 사

신뢰Trust는 대표적 사회자본이다.
사람에 대한 신뢰와 제도에 대한 신뢰를 포함한다.
이웃에 대한 신뢰, 낯선 타인에 대한 신뢰,
경찰과 같은 정부에 대한 신뢰, 직장에서의 신뢰는
사회를 효과적으로 작동하게 한다.

회자본은 취약하게 축적되고 왜곡된 형태로 유통되고 있다.

미국 심리학자 디너Ed Diener는 한국이 소득은 세계 상위수준이면서도 행복감이 하위수준인 까닭은 한국의 사회자본이 취약하기 때문이라고 분석했다. 물질적 가치를 평가하는 조사에서 한국은 10점 만점에 7.24를 부여했다. 우리보다 훨씬 잘 사는 미국(5.45)과 일본(6.01)은 물론이고 가난한 짐바브웨(5.77)보다 높았다. 서로 믿지 못하고 각자도생인 사회, 관용과 나눔에 인색한 사회는 저低신뢰 사회이자 사회자본이 취약한 우리의 현주소다.

성공적인 사회는 가족과 동료, 타인 그리고 정부를 비롯한 각종 제도 안에서 구성원 서로가 높은 신뢰로 연결된 사회다. 높은 사회적 신뢰는 세대와 성, 계층을 불문하고 구성원 간 강력한 상호존중에서 나온다. 그런데 한 사회에서 빈부격차가 심각하다면 그것이 가능할까. 더구나 이 불평등이 불공정에 기반을 둔다고 할 때 사회적 긴장은 더욱 높아지고 사회통합은 어려워진다.

상호존중에 기초한 사회적 형평성은 중요한 사회자본이면서 동시에 다른 사회자본의 물적·제도적 기반이다. 우리는 이것을 사회안전망이라 부른다. 불법개조로 무게중심을 끌어올린 세월호의 복원력을 유지해 줄 최후의 안전핀은 평형수였다. 평형수 대신 탐욕을 실었다. 우리사회 복원력의 요체인 평형수이면서 사회자본의 요체이자 또한 그 물적·제도적 기반이 사회안전망 Social Safety Net이다. 평형수를 배 밑바닥에 채워 넣듯이 우리사회의 무게중심을 아래로 좌우를 균형적으로 잡아주는 것이 사회안전망이다. 넓은 의미로는 사회보장과 같은 뜻으로 노령·질병·실업·산업재해 등 사회적 위험으로부터 모든 국민을 보호하기 위한 제도적 장치를 가리킨다. 한국에서는 1997년 말 외환·금융위기를 계기로 실업자 수가 급증하면서 사회안전망을 갖춰야 한다는 논의가 사회적으로 일어나기 시작하였다.

우리나라 연간노동시간은 OECD 최고수준인 반면 사회복지는 최하수준이다. 노인 빈곤비율은 OECD 1위이고 실제 은퇴연령은 멕시코와 함께 가장 높다. 우리나라에서 비정규직은 전체

임금노동자의 46.1%이고 이들은 정규직의 49.7%의 임금을 받는다. 이들의 국민연금 가입률 역시 47%에 불과하며 1/3은 고용보험도 없다. 세월호 승무원 중 선박직의 경우에도 15명 중 9명이 비정규직이고 급여도 평균 이하였다. 소득과 빈부격차는 갈수록 늘어 가고 중간소득의 절반에도 못 미치는 소득으로 살아가는 상대적 빈곤율도 지난 20년간 2배로 커졌다. 사회통합은 그냥 관념이 아니라 제도화돼야 한다. 제도적 물적 기반 없는 사회자본은 거품이다.

이 땅에 팽배한 물신주의와 각자도생이라는 불신의 벽을 허물고 구성원의 수평적 연대를 통해 공동체의 복원력을 확보하는 노력이 사회자본의 형성과 축적이라면 성장의 열매를 나눔으로서 양극화로 인한 수직적 분열을 통합으로 바꾸어 공동체의 무게중심을 잡아주는 평형수가 사회안전망이다. 우리 운명공동체가 흔들림 없는 방향과 최적의 속도로 안전하고 지속가능한 항해를 담보해 줄 사회자본과 사회안전망, 세월호가 주는 비싼 교훈이다. 18세기 경제학자 제노베시Antonio Genovesi가 우주의 법칙으로까지 강조한 바, 다른 사람의 행복 없이 '우리'의 행복은 없다는 것은 여전히 유효하다.

참혹한 안전사고로 촉발된 우리사회의 정신과 작동 시스템에 대한 성찰을 계기로 현재 우리에게 결여된 사회자본과 사회안전망을 구축해서, 궁극적으로는 우리 공동체의 삶의 질, 행복지수를 높이려는 궁극적 목표를 잊지 말고 거기까지 나아가야 한다. 산업화와 민주화의 기적, 진흙 속에서 연꽃을 피운 나라이면서도 기쁨을 잃고 웃음을 잃고 행복을 잃은 나라가 되지 않기 위해, 주관적 행복지수가 6년째 OECD 꼴찌인 우리 청소년들의 미래를 위해.

개와
스마트 폰의 시간*

삼복더위엔 개가 수난이라지만 요즘엔 개 팔자만큼 상팔자도 없다. 애견호텔과 애견해수욕장에 애견동반영화관까지 애견산업은 어느덧 1천만 고객을 가진 블루오션이다. 서양에선 이미 오래전부터 개를 사람의 베스트프렌드로 여겼다지만 우리사회에서 이렇듯 급격히 각광받게 된 이유는 무엇일까.

『개가 주는 위안』의 저자인 피에르 슐츠의 말처럼 오늘날 같은 무한경쟁사회가 만들어낸 현대인의 외로움과 인간관계의 스트레스를 '사람' 대신 '개'가 위로하고 치유해주기 때문 아닐까. 서로가 서로에게 상처받고 상처를 주는 시대에 "사람을 알면 알수록 나는 개를 더 좋아하게 된다."고 말했던 계몽주의자 볼테르처럼 말이다.

그런데 불행히도 우리나라에선 하루에 300마리 꼴, 1년에 10

* 경기일보 2014년 8월 8일자 게재.

만 마리의 반려동물이 버려진다. 새벽이건 밤이건 산책길에서 수없이 만나게 되는 목줄 없는 개들이 주인 아닌 타인에겐 그다지 사랑스럽지 않다. 한강공원 환경미화원들이 가장 싫어하는 것이 집에서 가져다 버린 음식물쓰레기와 길가에 방치된 애완동물의 대변이라고 한다. 반려동물을 통해 공생과 공감의 의미를 깨닫지 못할 때 자기중심적인 만족만을 추구하는 일그러진 현대인의 고독과 소외는 여전한 질곡이다.

오늘날 남녀노소를 막론하고 없어서는 안 될 또 하나의 애완물이자 반려가 된 게 스마트폰이다. 어느 아침 출근길 지하철, 한 칸에 서서 문득 함께 탄 사람들을 둘러본 적이 있다. 51명 가운데 33명이 저마다의 휴대폰에 얼굴을 묻고 있었다. 가족이나 친구보다 스마트폰과 대화하고 스마트폰에 더 의지하는 그런 세상이 됐다. 비록 영화지만 스마트폰에 탑재된 인공지능과 사랑에 빠지기도 한다.

하루 평균 4시간 이상 스마트폰을 만지작거리는 우리의 뇌는 갈수록 퇴화하여 가까운 사람 10명의 전화번호도 외우지 못하게 됐다. 알코올 중독자가 늘 손을 떨듯 휴대폰 없는 시간이 두려워지는 '노모포비아'에 빠지게 됐다. 퇴화하는 것은 머리만이 아니다. 우리는 스마트폰을 통해 무한히 확장된 사회관계망SNS 속을

하루 평균 4시간 이상
스마트폰을 만지작거리는 우리의 뇌는 갈수록 퇴화하여
가까운 사람 10명의 전화번호도 외우지 못하게 됐다.
휴대폰 없는 시간이 두려워지는 '노모포비아'에 빠지게 됐다.
퇴화하는 것은 머리만이 아니다.
우리는 스마트폰을 통해
무한히 확장된 사회관계망SNS 속을 헤엄치지만
스마트폰에 빠짐으로서
오히려 우리는 성찰하는 고독을 통해서만 확보될 수 있는
진정으로 공감하고 연대하는 가슴도 잃어버렸다.

헤엄치지만 스마트폰에 빠짐으로서 오히려 우리는 성찰하는 고독을 통해서만 확보될 수 있는 진정으로 공감하고 연대하는 가슴도 잃어버렸다.

해질녘 모든 사물이 붉게 물들고 저 언덕 너머에서 다가오는 실루엣이 내가 기르던 개인지 아니면 나를 해치러 오는 늑대인지 분간할 수 없는 애매모호한 시간의 경계를 '개와 늑대의 시간'

이라고 한다. 지금 우리는 개와 공감하고 스마트폰과 소통하며 산다. 그런데 그것들이 상처받은 영혼을 치유하고 파편이 된 개인들의 연대를 위한 매개체인지 아니면 사람과 관계를 아예 대체해 버린 건지 헛갈리는 시대다. 개와 스마트폰의 시간이다.

갑을리즘*

'이즘'이란 일련의 추상적 관념이나 신념을 의미하는 단어다. 예컨대 사회주의socialism나 불교Buddhism처럼 정치적 신념이나 종교를 지칭하기도 하고, 알코올중독alcoholism처럼 병적인 과잉 혹은 인종주의racism처럼 어떤 이유로 사람들을 차별하는 태도나 행동을 나타내기도 한다. 이렇게 보면 오늘의 한국사회엔 '갑을甲乙리즘'이란 유령이 배회하고 있다. 이성적·제도적 범위를 벗어난 자의적·폭력적 차별이 사회적 관계 도처에서 병적으로 난무하고 있고 우리는 이들 관계의 다양한 속성을 사상한 채 사회관계 문제들을 너무 쉽게 갑을의 관점으로 환원한다는 점에서 그렇다.

그런데 모든 사회관계에서 발생하는 시비와 다툼을 무조건 갑을이라는 이분법으로 몰아넣는 것은 가뜩이나 진영논리가 심각

* 《중부일보》 2015년 4월 10일자 게재. '갑을리즘'은 필자의 조어(造語)다.

한 우리에겐 폭력적인 갑질 만큼이나 위험하고 문제적이다. 사실관계에 대한 파악과 대화 이전에 내편 네 편부터 가르고 상대방을 두들겨야 직성 풀리는 진영논리는 우리의 병리다. 마찬가지로 모든 사회갈등을 갑을이라는 전선戰線으로 나누고 선악으로 채색해버리는 건 악마화의 위험dangers of demonization을 낳는다. 이성에 기초하지 않은 선부르고 맹목적인 판단이 여론을 부추기고 분노를 만들고 그 분노가 쉽게 집단화하는 사회일수록 갈등지수가 높고 그 스트레스는 다시 개인에게 되돌아온다.

갑을관계는 생각만큼 단선적이고 고정불변의 관계가 아니다. 남북관계나 집안의 부모 자식마저 갑을에 빗댄 이도 있다. 과연

문제적 갑을관계는 정상적인 계약관계에
일탈이나 남용같은 비정상이 덧칠될 때,
그리고 계약 자체가 불완전한 채 존재할 때 발생한다.
그러므로 우리에게 필요한 것은 부당한 갑에 대한 통제 장치와
정당한 을에 대한 보호 장치를 형평성 있게 정교하게 다듬고
완성도를 높여 나가는 일이다.

누가 갑이고 을인가. 학교에서 교장과 교사, 학생과 부모는 누가 누구에게 갑이고 을인가. 어린이집 교사와 어린이 부모는, 택시 기사와 승객은, 국회의원과 유권자는, 백화점과 고객과 점원은, 선장과 승무원, 승객은 누가 갑이고 을이란 말인가.

갑을관계는 양쪽 진영으로 나누고 뭉쳐서 상대방에 화살을 퍼붓고 싸워 이기면 되는 관계가 아니라 씨줄과 날줄이 복잡하게 얽히고설키고 그 하나하나 매듭이 독특한 관계들이다. 조건과 맥락脈絡에 따라 그야말로 변증법적으로 바뀌는 다층적이고 연쇄적이며 순환적인 것이 갑을관계다.

우리 갑을리즘이 이분법으로 경도되면 선택적 인지selective perception라는 부작용이 생긴다. 갑을관계를 지위 높고 힘세고 돈 많은 사람과 그 반대편 사람간의 선과 악, 가해와 피해의 구조로만 보려고 한다. 십중팔구 윗사람 개인의 문제, 가진 자의 품성과 강한 자의 도덕 문제로 해결하려 든다. 가치관과 윤리가 중요하지 않다는 게 아니다. 갑을관계의 본질은 상하관계가 아니라 계약관계다. 계약관계는 자급자족하던 원시공동체에서 거듭된 진화를 통해 인류가 도달한 고도 분업화의 산물이다. 동시에 그 과정에서 전근대적인 인신人身적·전면적 지배-복종관계를 극복한 사회적 진화의 산물이다. 그 결과 현대사회를 사는 우리는 복잡한 분업체계에서 때로는 갑으로 때로는 을로 다양한 역할을 영위한다.

계약은 상대방을 전제로 하고 상호간의 권리와 의무 이행으로 완성된다. 문제적 갑을관계는 정상적인 계약관계에 일탈이나 남용같은 비정상이 덧칠될 때, 그리고 계약 자체가 불완전한 채 존재할 때 발생한다. 그러므로 우리에게 필요한 것은 부당한 갑에 대한 통제 장치와 정당한 을에 대한 보호 장치를 형평성 있게 정교하게 다듬고 완성도를 높여 나가는 일이다.

그렇지 않고 개별적 갑의 자발적 성찰과 도덕적 고양, 개과천선만을 부르짖고 말면 그 분노의 회오리가 지나간 뒤안길에 고립무원으로 남게 되는 개별적 을들은 오히려 구차해질 수 있다. 약자의 굴욕이 선善으로 대체될 수 없는 것처럼 을의 희생된 존엄을 계약상 책임의 면제나 해제와 맞바꿀 수 있다는 일단의 온정주의적 시각과도 단호히 결별함으로써 을은 당당하게 해방될 수 있다.

한 조사결과, 직장인 80%가 자신을 을로 생각하며 살고 있다는 대한민국의 2015년은 공교롭게도 을乙과 미생未生의 해다.

예의바른 무관심, 예의에 대한 무관심*

"괜찮냐고, 힘내라고, 고맙다고, 아무것도 말하지도 묻지도 말아주세요. 불쌍하고 안쓰럽다고 생각하는 시선과 이상한 시선으로 보지 말아주세요." 세월호에서 구사일생으로 살아남아 학교에 복귀한 단원고 학생들이 온라인 커뮤니티에 남긴 부탁의 글이다. 나는 다시 먹먹해졌다. 그들은 몸소 겪은 모진 경험으로부터 조숙해졌으며 그 조숙은 우리사회의 미숙한 한 단면을 정곡으로 찌르고 있다. 그들의 소망은 대한민국의 평범한 18세 소년 소녀들의 일상으로 복귀하는 것, 그 몸부림에 제발 '무관심'이라는 배려로 지켜봐 달라는 것이다.

미국 사회학자 어빙 고프먼Erving Goffman은 현대 도시생활을 가능하게 하는 장치로써 '예의바른 무관심civil inattention'이란 개념을 제시했다. 유엔 통계에 의하면 오늘날 지구인의 50% 이상, 35억

* 《경기일보》 2014년 7월 23일자 게재.

명 이상이 도시에 살고 2050년이면 세계인구 3분의 2가 도시에 살게 될 도시의 시대에, 사람들은 이전 농경시대나 전통시대와 달리 이름도 모르는 수많은 사람을 대부분 원하지 않는 시간과 공간 속에서 만나고 부대끼며 생활해야 한다. 우리는 무한히 확장된 사회적 공간에서 만나는 익명의 사람들을 대개는 무의식적으로 무관심하게 대한다.

그러나 예의바른 무관심이란 우리의 현대적 사회생활이 각자의 사생활을 보호하면서 안전하게 성립하도록 만드는 적극적인 사고방식과 행동양식이다. 예의바른 무관심은 상대방을 무시해버리는 것과는 전혀 다르다. 상대방의 존재를 인식하고 있음을 내비쳐 알리면서도 너무 무례하게 보일지도 모르는 어떤 몸짓도 회피하는 것이다. 엘리베이터나 지하철에서 마주치면 눈빛으로 인사를 하지만 그 이상으로 지나치게 의식하거나 아는 척하지않기, 근접한 공간에서 옆자리 대화나 통화를 모르는 척 하기, 나아가 나와 다른 삶의 방식을 갖고 있거나 나의 다른 처지에 있는 타인에게 나의 시선으로 나의 감정과 판단을 늘이대지 않기, 교감하지도 못하면서 상처주고 아프게 하지 않기와 같은, 암묵적으로 공유된 인식과 태도가 예의바른 무관심이다. 예가 아니면 보지도 듣지도 말하지도 행하지도 말라非禮勿視 非禮勿聽 非禮勿言非禮

예의바른 무관심이란
우리의 현대적 사회생활이 각자의 사생활을 보호하면서
안전하게 성립하도록 만드는 적극적인 사고방식과
행동양식이다. 상대방의 존재를 인식하고 있음을
내비쳐 알리면서도 너무 무례하게 보일지도 모르는
어떤 몸짓도 회피하는 것이다.

勿動는 공자 가르침의 현대판 해석이자 행동방식인 셈이다.

우리사회는 어떤가. 그 자체로 생명과 안전을 위협하는 위법한 행위임에도 승객을 위해서가 아니라 자신을 위해서 아니 자신과 승객의 생명을 담보로 버젓이 DMB를 보며 운전하는 택시, 건물을 드나들 때마다 앞사람이 놓아버린 출입문을 받아내야 하는 일, 대부분의 일반음식점에서 테이블마다 놓여 있는 소주병, 불쾌한 얼굴들이 발산하는 고성과 주태는 우리가 주고받는 민폐民弊의 일부일 뿐이다. 예의바른 무관심은 고사하고 '예의' 자체에 대한 무관심이다. 예의의 출발이자 전제인 '상대방이라는 존재에 대한 인식'이 부족하고 이지러진 탓이다.

반대로, 정작 예의바른 무관심이 필요한 곳을 엿보는 우리의 집단적 관음증은 도를 넘는다. 신상 털기와 악플을 비롯한 무자비한 사이버테러는 이미 심각한 사회문제가 됐다. 호도된 자유와 방종 앞에 프라이버시는 한없이 취약해진다. “내 자유는 타인의 자유가 시작되는 지점에서 끝난다.”고 했던 18세기 독일 철학자 칸트의 말에 자고로 동방예의지국을 자임했던 우리의 낯이 외려 없어졌다는 느낌이다.

내 마음 당신 곁으로*

공자님 말씀을 한 자로 함축한다면 당연히 인仁이라 여기겠지만 그에 이르기 위한 뚜렷한 방법론이 없다면 얼마나 공허하랴. 『논어』의 '이인里仁' 편에서 공자는 스스로의 도를 하나로 꿰고 있는 것을 충忠과 서恕라고 하였음을 들지 않더라도, 인仁에 이르는 실천과 방법을 한마디로 말하라면 '용서할 서恕'라고 말하고 싶다.

'서恕'란 글자그대로 남의 처지에서 동정同情하는 것인 동시에 꼭 내 마음心과 같이如 상대방을 대하는 것이다. 그렇다고 이것이 무조건적인 긍정과 동의, 옹호를 의미하는 것은 아니다. 내 마음같이 타인을 대하는 것 즉, 공감이란 아닌 건 아닌 것으로 분명히 판단하고 이를 고치기 위해서는 마땅히 미워하기도 해야 하는 것이다. 그런데 이런 미워함은 오직 어진 마음에서 우러나올 때라야 정당성을 얻는다고 했다. 어진 마음이 없는 미워함은

* 《기호일보》 2015년 5월 11일자 게재.

악惡 그 자체에 지나지 않음을 우리는 목격하고 있다.

우리 사회 곳곳을 유령처럼 배회하는 소위 '갑질'의 문제를 보자. 갑과 을의 문제는 2013년 소위 '라면상무'를 계기로 사회 전면에 부각됐고 현재도 진행형인 '땅콩회항'으로 절정을 맞고 있지만 사실 그 이전에도 더했으면 더했지 덜하지는 않았음을 모르지 않는다. 우리의 산업사회화가 기적적이었던 만큼 압축적이었기에 그 과정이 혼란스럽고 거칠었다. 개인의 존엄과 인권, 삶의 품격과 사회적 윤리를 갖출 새가 미처 없었다. 이 거친 틈새를 비집고 나오는 갈등을 그런대로 미봉해 올 수 있었던 건 불행하게도 우리 모두의 배금拜金과 물신物神주의 때문이었다. 목구멍이 포도청이요 절대적 빈곤 탈출이 숙명이자 지상과제였기에 우리는 죽지 않을 만큼의 차별이나 폭력은 감내해 왔던 것이다. 그러는 사이 우리의 갑들은 찔러도 아픔을 모르는 얼굴 두꺼운 괴물이 됐고 우리의 을들은 어떻게든 특권과 금력의 줄을 잡아 '개천에서 갑' 되는 꿈을 꾸는 속물이 돼 왔던 것이다.

개천에서 갑이 됐건 '개천 같은 건 아예 구경도 못해본 모태갑'이건 이들이 찬 완장이 문제인 것은 '어진 마음이 없는 미워함' 때문이다. 개천에서 갑 된 자는 종종 자신에게서 개천 냄새가 날까봐 전전긍긍할 뿐 아니라 개천에서 당한 설움을 몇 배로 보상

'서恕' 란 글자그대로 남의 처지에서 동정同情하는 것인 동시에 꼭 내 마음心과 같이如 상대방을 대하는 것이다.
그렇다고 이것이 무조건적인 긍정과 동의, 옹호를 의미하는 것은 아니다.

받기를 꾀한다. 태생적 갑들은 아예 개천을 모르니 그 처지 또한 알 길이 없다. 그렇기에 이들이 둘러 찬 눈에 뵈는 완장은 술집 작부 부월에게조차도 '기중 벨 볼 일 없는 하바리下品들이나 차는 것'일 뿐이다.

서恕는 동서고금에 다함께 내려오는 깊은 샘물 같은 가르침이다. 그 옛날 유대인이 배척하던 이방인異邦人, 유일하게 그 이방인이 기록한 누가Luke복음에서 예수는 "무릇 자기를 높이는 자는 낮아지고 자기를 낮추는 자는 높아지리라"고 하였다. 예수가 모든 율법과 예언자의 설법을 한마디로 요약하여 이르는 바도 '대접받고 싶은 대로 남을 대접하라.'(마태복음 7장 12절)이다.

그러니 사랑받고 싶으면 사랑하라. 이런 관용과 사랑의 정신은 18세기의 볼테르에게 또 그 백 년 뒤의 톨스토이에게로 이어진다. 사랑은 곧 타인 또한 자신임을 깨닫는 것이다. 그리하여 진실로 여전히 상대방을 이해한다understand는 것은 언제나 남의 아래에 나를 두는 것이며, 1마일이든 두 주일이든 세 달이든 남의 신발을 바꿔 신고 걸어보고 난 후의 일Moccasin walking인 것이다.

다시 공자에게 서恕를 묻노니, 그 역시 자신이 하고 싶지 않은 것己所不欲을 남에게 시키지 말라勿施於人 하고, 자기가 서고자 하는데 남도 서게 하고己欲立而立人, 자신이 이르고자 하는 데 남도 이르게 하라己欲達而達人고 한다. 나아가 남이 자기를 알아주지 않음을 근심하는 대신不患人之不己知에 내가 상대방을 알아주지 못할까를 근심하며患不知人也, 완장 없음을 걱정하기보다不患無位 오히려 차고 있는 자신의 완장을 경계하라患所以立고 한다.

이 불온한 갈등과 불인不仁의 시대에 역지사지하는 마음을 담은 서恕의 지혜가 더욱 절박하다.

우리 안의 지록위마指鹿爲馬*

윗사람을 농락하고 권세를 함부로 부린 사람들의 옛일이 사마천의 『사기』에 나온다. 환관 조고의 이야기다. 생전에 온갖 아첨을 바쳤던 진시황이 죽자 허수아비 황제를 세우고 급기야 그 자리를 탐하던 조고가 황제 앞에서 많은 신하들을 떠볼 요량으로 사슴을 가리켜 말이라고 우겨댔다. 이에 많은 이들은 잠자코 있고, 적잖은 사람들은 조고의 편을 들어 말이라 하고, 간혹은 정직하게 사슴이라 직언하기도 했다. 조고가 사슴이라 말한 사람을 법률로 얽어 모조리 감옥에 넣자 그 뒤로 모든 신하들은 다른 의견을 말하지 못했다는 것이다.

이런 터무니없는 일이 가당키나 했었을까 싶지만 그런데 그게 아니다. '지록위마'가 가진 단순함의 한 꺼풀만 벗겨 보면 오늘날에도 여전히 유효한 펄펄 뛰는 현실설명력을 발견하게 된다. 지

* 《한겨레신문》 2012년 11월 14일자 게재.

록위마의 핵심은 사실fact 혹은 진실의 문제다. 지록위마에는 객관적으로 자명한 진실을 누가 왜 왜곡하느냐에 대한 많은 함축이 있다.

『사기』의 다른 곳에서는 곡학아세의 유래가 등장한다. 지식이나 사회적 위치를 이용하여 기회주의적으로 자신의 소신이나 철학에 관계없이 학문을 왜곡하고 이로써 권세나 시세에 아첨하는 이들은 초역사적으로 존재한다. 앎의 많고 적음이나 지위의 높고 낮음과 관계없이 이들은 대체로 말 바꿈을 쉽게 하고 그런 사실을 잘 기억하지 않는다.

어떤 이들은 바늘만한 것을 몽둥이 만한다고 크게 과장하거나 제 논에 물을 댈 때처럼 자기에게만 이롭게 생각하거나 행동한다. 이들은 심지어 전혀 가당치 않은 말이나 주장을 억지로 끌어다 붙여 자신의 주장에 맞추려고만 할뿐 다른 사람들의 견해나 객관적 사실에는 전혀 귀를 기울이지 않는다. 자기주장을 위해서라면 돌로 양치질을 하고 흐르는 물로 베개를 삼는다고 능치밀한다는 것이다.

공자는 『논어』에서 교묘한 말과 아첨하는 얼굴을 하는 사람 중에 착한 사람이 드물다고 갈파했다. 교묘한 말은 대개 듣기에 달고 생글생글 웃는 얼굴은 보기에 좋으므로 이들에 둘러싸인 존재는 하늘을 나는 용이 된 듯한 착각에 빠지게 되고 점차 현실과 동떨어지게 된다.

무릇 세 치 혀가 온갖 재앙의 근원이라 했다. 고대 그리스의 이솝Aesop 또한 세상에서 벌어지는 모든 나쁜 일들이 모두 혀에서 시작된다고 경고했다. 스스로의 기회를 위해 말을 바꾸거나 억지 주장을 일삼거나 교묘하게 듣기 좋은 말만 하는 이들은 역설적으로, 자신의 세 치 혀의 노고로 움켜쥔 한 줌의 권세로 호랑이 행세를 하는 위인들이기 쉽다. 그들은 윗사람에게 아첨하며 겪은 굴신의 설움을 더 많은 아랫사람에게 군림함으로써 보상받으려 한다.

공자는 『논어』에서
교묘한 말과 아첨하는 얼굴을 하는 사람 중에
착한 사람이 드물다고 갈파했다.
교묘한 말은 대개 듣기에 달고
생글생글 웃는 얼굴은 보기에 좋으므로
이들에 둘러싸인 존재는 하늘을 나는 용이 된 듯한
착각에 빠지게 되고 점차 현실과 동떨어지게 된다.

이들은 대개 얼굴이 두껍고 부끄러움을 모르는 경우가 많다. 두꺼운 얼굴에 시커먼 뱃속을 가진 옛사람들의 이야기를 묶은 책이 『후흑열전』이란 이름으로 전해 온다. 이들이 무리지어 작당을 하게 되면 사태는 가장 나빠진다. 그 모이는 마당堂이 온통 검은 마음黑들로 채워짐을 옛 선인들은 글자黨로 만들어 두고두고 경고해 왔던 것이다

선거철이다. 많은 사람들이 떠나고 합치고 모이고 흩어진다. 그들의 말은 무성하다. 우리는 한번쯤 스스로의 말과 행동이 얼마나 충실하게 사실에 뿌리를 두고 있는지 돌아볼 필요가 있다. 책임 있는 자리에 있을수록 더욱 준엄한 자기비판이 필요할 때다. 온갖 사람이 모인 조직이라면 더더욱 그런 무리들이 전혀 없을 수는 없겠지만 조직은 조직대로 스스로의 여과장치를 새삼 점검해 볼 일이다.

폭력의 평범함과 타인의 발견*

진화심리학자 핑커Pinker는 인류의 역사를 샅샅이 살핀 끝에 과거에 비해 현대에 올수록 폭력이 획기적으로 줄었다고 단언한다. 그 결정적 계기가 된 건 근대성近代性인데 이것에 힘입어 이성이 발달하고 인권이 향상되었으며 국가에 의한 폭력의 통제가 확립됐다는 것이다.

그러나 우리사회는 어떤가. 폭력은 여전히 너무나도 일상적이어서 평범하기까지 하다. 울산 계모사건과 김해 여고생 살해, 윤 일병 사망사건은 우리의 가정과 학교, 군대에서 행해지는 폭력의 극단성과 집단성을 상징한다. 골프장 캐디와 대리기사에게 가해진 폭력도 우리에겐 반복되는 기시감이다. 대학 선배들이 신입생에게, 직장 상사들이 부하 직원에게 행하는 폭력은 우리 사회에 얼마나 많은 라면상무들이 존재하는지를 말한다. SNS상

* 《기호일보》 2014년 10월 29일자 게재.

에서 집단 따돌림과 괴롭힘을 가하는 사이버 폭력은 첨단을 걷지 않을까 싶다.

우리사회만 이렇게 폭력 바이러스가 만연하고 멱살잡이와 주먹질, 삿대질과 욕질이 난무하는 건 아니다. 미국 스탠퍼드대 짐바르도Zimbardo 교수의 '가짜 감옥' 실험과 예일대 밀그램Milgram 교수의 '복종' 실험의 결과는 놀라웠다. 실험 참가자들은 특별할 게 없는 우리 주변의 보통사람들이었다. 그런데 그들이 교도관과 교사라는 지위와 조건을 부여받게 되자 실험 속의 죄수와 학생에게 권위적으로 행동했고 주저 없이 신체적 고통을 주었으며 심지어 전기고문까지 가했다. 급기야 실험을 중단해야만 하는

스스로의 존엄과 타인이라는 존재의 발견,
이를 통해 폭력의 평범함을 제어하는 사회적 유전자를
퍼뜨려 나가는 것이 우리에겐 여전히 절실하게 필요하다.
그럴 때라야 그리고 그게 바탕이 돼야
더욱 은밀하고 정교하게 행해지는 거대폭력으로부터
진실로 개인과 사회를 지켜낼 수 있기 때문이다.

파괴적 지경에 이르렀던 것이다.

지극히 평범하고 이성적인 사람조차 느닷없이 윤리와 도덕을 무시하고 잔혹한 폭력을 저지를 수 있는 것은 개인의 성격 같은 기본속성 때문이 아니라 그에게 주어진 상황과 조건 때문이라는 결론이 도출됐다. 그런 환경이 예외적인 것이 아니라 너무나 일상적이고 반복적이어서 평범하기까지 하다면 우리는 이런 현상을 아렌트Arendt의 표현인 '악의 평범함Banality of evil'을 빌어 '폭력의 평범함Banality of Violence'이라 말할 수 있을 것이다.

우리사회의 폭력이 '유별나게' 평범하다면 그 유별난 폭력 바이러스가 기생하는 숙주 즉, 상황과 환경을 제거해 나가야 한다. 핑커가 말한 근대성의 관점에서 보자면 우선, 서구와 달리 우리의 공권력은 폭력을 통제하는데 실패했다. 국민국가nation state로 표상되는 근대를 전근대와 구분하는 핵심요소 중 하나는 군대와 경찰, 형벌권을 포함하는 폭력의 국가독점이다. 근대사회에서 개인들의 자력구제self-help와 사적 폭력은 원칙적으로 불허된다. 그런데 구한말과 일제 강점, 해방정국과 전쟁, 개발독재를 거치는 과정에서 우리의 공권력은 정당하게 폭력을 독점하지도 못했고 충분히 사적 폭력을 통제하지도 못했다. 굴곡과 간난신고의 역사를 거치면서 많은 사람들은 여전히 '믿을 건 내 힘뿐'이라는 경험칙에 의지해 왔고 자력구제와 사적 폭력에 관대했다.

둘째로 우리의 근대화는 서구합리주의와 달리 공동체적 가치 체계와 충분히 결별하지 못했다. 우리는 여전히 공동체의 이름으로 개인의 희생을 강요한다. 평화를 위해 가정폭력이 쉬쉬되고 명예를 위해 학교폭력이 덮어지고 군기를 위해 내무반폭력이 묵인되고 회사를 위해 직장폭력이 간과돼 왔다. 근대성의 요체는 불가침적 인권의 확립이고 이는 개인의 존엄과 '타인Others의 발견'이다.

심리학자 반두라Bandura의 사회학습이론social learning theory에 따르면 사람의 행동은 타인의 행동이나 어떤 주어진 상황을 관찰하고 모방함으로써 이루어진다. 관찰한 대로 행동하는 '모방학습'도 있지만 반대로 관찰은 했으되 좋지 않은 것에 대해서는 '모방하지 않는 학습'도 있다. 자라나는 아이들의 행동도 어른들의 행동을 관찰하고 모방한다. 어른들이 행하는 폭력의 평범함에 대해서도 아이들 내면에서는 모방학습과 모방하지 않는 학습 사이에 팽팽한 줄다리기가 있다. 이게 미래 사회의 모습을 결정할 것이다.

미국이란 사회에도 얼마나 많은 폭력이 존재하는가. 그럼에도 미국 아이들은 초등학교에서부터 양팔을 옆으로 뻗어 원을 그리게 하고 그만큼의 공간은 누구로부터도 침해받을 수 없는 자신만의 공간이란 걸 배운다. 그러면서 그 바깥에 존재하는 타인의 공간도 침범해서는 안 된다고 배운다. 넬슨 만델라는 사회가 아이를 대하는 방식만큼 그 사회의 정신을 분명하게 드러내는 것은 없다고 했다. 아이들은 맞으면서 크는 게 아니라 꽃으로도 맞지 않고 커야 한다. 예나 지금이나 맞고 싸우면서 크는 아이들과 타인을 발견하고 배우며 크는 아이들이 만드는 사회는 크게 다른 모습일 것이다.

스스로의 존엄과 타인이라는 존재의 발견, 이를 통해 폭력의 평범함을 제어하는 사회적 유전자를 퍼뜨려 나가는 것이 우리에겐 여전히 절실하게 필요하다. 그럴 때라야 그리고 그게 바탕이 돼야 더욱 은밀하고 정교하게 행해지는 거대폭력으로부터 진실로 개인과 사회를 지켜낼 수 있기 때문이다.

평별平別한 사회가 좋은 사회다*

'차별差別'이란 말은 유독 우리사회에서 금기시된다. 실제 그저 '다르다'와 '구별하다'에 지나지 않는 가치중립적인 뜻을 지니는 말인데도 우리 뇌리에는 옳고 그름의 가치판단을 포함하는 '부당不當'이나 '불공정不公正'이 내포된 의미로 자리 잡았기 때문이다. 우리의 분기탱천은 응당 '부당하고 불공정한' 차별을 향해야 한다. 그럼에도 불구하고 정작 그저 '다름'에 대해서도 색안경끼고 인색할뿐더러 싫어하기까지 하는 경향을 부인하기 어렵다. 자신하긴 어렵지만 어쩌면 '다름'에 대한 이러한 인식은 우리 역사 공동체의 오랜 농경문화와 중용사상에서 기인한 것이 아닐까 생각된다.

먼저, 우리의 오랜 농경農耕은 '평지平地' 문화를 낳고 키워왔다. 최근 산림청 자료를 보면 우리나라는 산지비율이 64%나 되긴

* 《경기일보》 2014년 9월 16일자 게재.

하지만 우리 산지는 대부분 생활이 가능한 구릉지가 많을 뿐 아니라 평야지대에 조밀하게 모여 살았다. 평편한 옥답이 소망스러운 반면 기복起伏 있는 땅뙈기는 바람직하지 못했다.

그래서인지 우리들은 대개 어려서부터 정 맞는 모난 돌이 되지 않도록 '평균平均' 지향적으로 교육받고 식당에서는 까다롭지 않아야 하므로 웬만하면 같은 음식을 주문한다. 개개인의 삶의 목표들이 우리만큼 평균적으로 수렴하는 공동체가 또 있을까. 우리들의 삶은 너나없이 '평범平凡'한 모습으로 귀결되어 간다. 먼저 말 몰아 달리는先驅 것은 쉽게 용인되지 않는다.

'다름'에 대한 기피는 역설적으로 '같음'에 대한 집착으로 나타

세상 모든 것은 본원적으로 다르다.
사람도 저마다의 지문이 다르듯 생래적으로 차이를 지닌다.
태생적으로 다를 뿐 아니라 후천적으로도 다름을 추구한다.
이런 '다름'의 추구가 발견으로, 창조로, 혁신으로 이어진다.
각자는 저마다의 방향으로 저마다의 속도로
서로 다르게 나아가는 것이어서
인위적으로 막을 수 없는 것이다.

난다. 누가 어떤 스마트 폰을 쓰고 누가 어떤 아웃도어를 입고 어떤 커피를 마시면 나도 쓰고 입고 마셔야 직성이 풀린다. 마치 한 치의 흐트러짐 없이 줄지어 날아가는 기러기 떼를 닮았다. 그 '같음'의 행렬에서 낙오돼서는 안 된다는 강박관념이 과거에 비해 확실히 넓어진 우리의 '다름' 스펙트럼을 짓누르고 있다. 여전히 우리의 '다름'은 부자연스럽다.

'다름'에 대한 불인不忍과 불용不容은 뜻하지 않게 바람직스럽지 않은 부작용을 낳는다. 우리사회에 과잉된 '평등平等' 의식이 그것이다. 평등은 매우 귀한 가치지만 그에 대한 논의는 매우 어려운 문제다. 그러나 적어도 평등이 '다름'의 반대말로, '같음'의 동의어로 쓰이는 것은 옳지 않다. 또한 '차별'을 극단적으로 기피하는 풍조는 자칫 무조건적이고 절대적인 기계적인 평등을 절대선이자 정의라고 인식하게 하는 함정에 빠뜨릴 수가 있다.

세상 모든 것은 본원적으로 다르다. 사람도 저마다의 지문이 다르듯 생래적으로 차이를 지닌다. 태생적으로 다를 뿐 아니라 후천적으로도 다름을 추구한다. 유전자의 보호와 건강한 번식을 위해 이종교배를 추구하는 것처럼 다름의 추구는 의식적이면서 본능적이다. 이런 '다름'의 추구가 발견으로, 창조로, 혁신으로 이어진다. 각사는 저마다의 방향으로 저마다의 속도로 서로 다르게 나아가는 것이어서 인위적으로 막을 수 없는 것이다.

이런 차이 혹은 다름은 불가피한 문제인 동시에 바람직하기까지 한 것이다. 왜냐하면 이렇게 들쭉날쭉하고 뛰고 나아감, 다양성의 확산이 공동체 모두의 평균적인 발전으로 이어지기 때문이다. 그리고 이러한 다름과 차이의 존재는 공동체 구성원들의 상대적 불균등을 정당화하는 게 아니라 오히려 그런 상대적 불균등을 고정불변적인 것으로 구조화하는 것을 막아주는 일종의 항응고제 역할을 함으로써 정당성을 얻는다. 그러니 다름에 대한 부인이 변화와 이동성, 역동성을 가로막는 것일 수도 있다는 경계심이 필요하다. 이것이 문제의 핵심이다.

각생공존各生共存의 사회, 굳이 이름 짓자면 평별平別한 사회라야 한다. 이설異說이 흔쾌히 용인되고 별종別種이 친근하게 존중되는 사회라야 진보하는 것이고 이런 진보라야 궁극적으로 구성원 모두의 평균적 발전을 이끄는 힘이 될 수 있는 것이다.

2부

행복하려면 사랑하자

이작도 사람들*

섬은, 적어도 내게는 환상幻想과 환멸幻滅이 함께 작동하는 상징이고 기호다. 부드럽고 완만한 모래톱과 끝 모를 수평선, 그 사이에 넘실대는 파도와 거기에 몸을 맡긴 작은 고깃배 같은 천계天界의 것이 이때의 환상이라면, 이 때의 환멸이란 하계下界의 고단하고 따분한 인고의 섬살이에 대한 것이다. 그래서인지 떠나올 때 보면 차츰차츰 멀어지는듯하다가 부지불식간에 수평선 너머로 사라져 버리는 섬의 자취 꼭 그것처럼 내 마음 속에서 금세 지워져 버리고 마는 것이었다.

부딪혀오는 파도가 거칠수록 섬은 날카로운 벼랑으로 곧추선다. 이작도도 이와 다르지 않아서 사나운 북풍을 등지고 섬 집들을 품어 안고 있었다. 배가 섬의 절애絶崖를 에돌아 보조개같이 폭 파인 품을 찾아들어야 비로소 섬사람들은 굴 따지기 다닥다

* 《기호일보》 2016년 8월 5일자 게재.

구릿빛 얼굴과 굳은살 박인 두툼한 손마디에
어울리지 않게 경계심 어린 속마음 열기가
가냘프고 약해서 애잔하다.
그럼에도 그 환대가 늘 극진해서 애잔하다.
그들은 섬에 살고 있었지만 그 누구도 섬은 아니었다.
공동체는 열려 있었고 거창하게 말하자면
직접민주주의의 풀뿌리는 여전히 튼튼해 보였다.

닥 붙어 있는 선착장에서 수줍게 외지인을 맞는다. 오래전 섬마을선생님도 그렇게 발을 내디뎠으리라.

섬의 인정은 늘 애잔하다. 구릿빛 얼굴과 굳은살 박인 두툼한 손마디에 어울리지 않게 경계심 어린 속마음 열기가 가냘프고 약해서 애잔하다. 그럼에도 그 환대가 늘 극진해서 애잔하다. 섬의 환대歡待가 늘 극진한 까닭은 내일을 기약하지 않기 때문이다. 오래전 섬마을선생님의 길지 않은 나날도 그렇게 경계와 환대의 그것이어서 그래서 더욱 야속한 것이었을까.

이룰 수 없는 사랑 때문이었을까. 1967년 영화 속 영주였던 배우 문희는 떠나는 선생님을 향해 또 그렇게 눈물을 머금고 손수건을 흔들었을 터인데, 문희가 목이 메어 부여잡고 오래도록 서 있었을 작은 소나무는 아름드리가 되어 지금도 거기 있는데 그때 문희였던 영주는 어디에 어떤 모습으로 있을까.

섬마을선생님이 가르치고 묵었다던 계남분교는 허물어질 대로 허물어져 잡초만 무성한데, 열아홉 살 섬 색시가 엄마 대신 품어 안고 다녔던 영화 속 젖먹이는 지금 이작도 이장이 돼 있었다. 이작분교에는 오늘도 여섯 명 섬 아이들이 뛰논다.

물 빠지면 드러나는 모래섬을 '풀'이라 부르는 섬사람들은 홍합을 '섭'이라 불렀다. 거짓말 안 보태고 어른 손마디만 한 섭이며 소라에 전복, 섬 주변 물 밑에 지천으로 깔렸다는 키조개까지 넘치도록 쪄서 내놓은 그들의 저녁 환대가 더없이 극진해서 또 애잔했다. 불콰해진 그들은 제의祭儀를 열었다. 이웃한 섬들, 대부도에서는 가진 체 말고 덕적도에서는 아는 체 말며 자월도에서는 술깨나 먹는 체 말라 했다는데 이곳 이작도에서는 노는 체 말란다.

노는 것을 흥興이라 했다. 궁금했다. 이 섬의 흥은 어디에서 비롯되었을까. 그 비근한 뿌리의 하나는 역시 섬마을선생님이다. 수십 년 전 이 섬에 찾아들었던 한 음악가는 머물던 집 동네 아이들에게 악기 다루는 법을 가르쳤다. 그 또래 중 몇은 뭍에서 음악을 업으로 삼기도 했다고 한다. 이장은 세컨드 기타에 보컬까지 자신 있다고 했다. 아작도 사람들은 지금 섬마을밴드를 모의 중일지도 모른다.

그들은 섬에 살고 있었지만 그 누구도 섬은 아니었다. 공동체는 열려 있었고 거창하게 말하자면 직접민주주의의 풀뿌리는 여전히 튼튼해 보였다. 상대적인 고독과 소외는 외려 뭍사람들의 몫인 듯싶었다. 섬 아닌 곳에서 사는 사람들이 서로가 서로에게 섬이 되었지 싶었다.

엎드리면 코 닿을 듯 1㎞도 채 안 되는 큰 이작과 작은 이작 사

이지만 물길은 제법 사납다고 했다. 저녁 무렵부터 스멀스멀 밀려들던 안개가 바로 눈앞에 큰 이작을 지우개로 지우는가 싶더니 금세 점령군처럼 작은 이작을 온통 휘감아 돈다. 내일 아침은 온통 사방을 덮어버릴 그 기세가 자못 두려운 밤, 7월의 짧고도 아쉬운 하룻밤을 못내 뒤척였더랬다.

접목의 기술*

일전에 산림청 주관 교육을 받으면서 유실수 재배를 위한 접목 기술을 접한 경험이 있다. 접목接木, 즉 접붙이기는 서로 다른 두 나무를 인위적으로 만든 절단면을 따라 연결해서 하나의 개체로 만드는 재배기술이라고 정의한다. 나무를 번식시키는 데는 채취한 종자를 심어서 싹을 틔우는 실생묘, 가지나 줄기를 땅에 꽂아서 새로운 뿌리를 내리고 눈을 내는 삽목揷木 등의 방식이 있으나 이보다 더 널리 연구되고 활용되는 것은 접목이라 할 수 있다.

그럼 접붙이기는 왜 하는 것일까. 당연히 그것이 갖는 장점과 효용이 크기 때문이다. 접을 붙이는 하부는 뿌리를 통해 영양분을 공급해주는 것으로 이를 바탕나무 혹은 대목臺木이라 하고, 상부에서 과실을 얻기 위한 나무를 접수椄穗라 한다. 접목을 통해

* 《기호일보》 2010년 6월 16일자 게재. 2010년 6월 2일에 제5회 전국동시 지방선거가 있었다.

나무가 자라는 방식과 나무의 형태를 조정하고 수확량이나 품질도 개선할 수 있다. 개화나 결실을 앞당길 수도 있고 기후나 풍토에 적합한 대목을 사용함으로써 외부위험에 대한 내성을 키워서 아직 취약한 접수를 안전하게 키울 수도 있다. 소위 맨 땅에 해당하는 식의 실생묘實生苗 번식법보다 상대적으로 능동적이고 효율적이며 경제적이라는 것이다.

접목은 인위적인 재배기술이다. 이런 기본 개념요소는 직관적으로 사람 사는 사회에 투영된다. 까마득한 옛날부터 인류가 만들어 온 역사는 그 면면이 접목의 연속인 것이다. 접목을 통해 과거보다 나은 현재, 현재보다 더 나은 미래를 추구해 온 게 우리들 사회의 다양한 공동체다.

접목을 위한 대목과 접수는 같은 종류의 나무일 수도 있지만 그보다는 가래나무 대목에 호두나무 접수, 고욤나무 대목에 감나무 접수처럼 종種이 유사하고 유연관계가 가까우면서도 서로의 단점을 보완해 줄 수 있는 조합이 더 성공적이라고 한다. 그렇다고 접목을 통해 두 나무의 유전적 변화가 있는 것도 아니다.

이 대목에서 화이부동和而不同을 떠올린다면 지나친 견강부회일까. 동물의 세계이건 식물의 세계이건 다양성의 결합이 획일성보다 훨씬 건강하다는 것을 접목을 통해 다시 확인하게 된다.

동물의 세계이건 식물의 세계이건
다양성의 결합이 획일성보다 훨씬 건강하다는 것을
접목을 통해 다시 확인하게 된다.
유전적 차이를 인정하고 존중하면서
서로를 위해 양분을 공급하고 더 좋은 과실로 보답하는 것이
접목의 철학이다.

유전적 차이를 인정하고 존중하면서 서로를 위해 양분을 공급하고 더 좋은 과실로 보답하는 것이 접목의 철학이다. 접목의 철학은 서로 다른 사람들이 어울려 살아가는 사회에서 개인이건 조직이건 유기적으로 결합하고 발전을 도모하기 위해 필요한 숙명적 지혜를 제공한다.

접은 붙이는 시기, 대목의 상태, 접목 부위의 높이 또는 대목과 접수의 조제방법에 따라 다양한 유형으로 나뉘지만, 그것이 접목인 한 반드시 대목과 접수 모두에 인위적인 절단면을 내야만 한다. 그러므로 접목은 단절의 고통을 수반하는 것이다. 그러나 단절의 고통은 필요조건일 뿐 결실을 위한 충분조건이 되지

는 못한다. 나무에는 생장과 분화를 계속할 수 있도록 하는 형성층이라는 중요한 조직이 있는데 이 세포들이 잘 융합되도록 대목과 접수를 제대로 맞추어 주어야 한다. 또 대목과 접수 양 절단면의 깊이를 같도록 해서 정확히 맞물리도록 해 주어야 한다. 그렇지 않으면 그 틈새로 바람이 들어가고 물이 스며들고 병균이 침투해서 결국 접목은 실패하고 만다. 실패를 막기 위해 접붙인 부위는 비닐테이프 같은 것으로 꼭꼭 감싸주고 외부환경에 취약한 갓난아이 살피듯이 온도와 습도를 새 눈이 틀 때까지 살펴주어야 한다.

이와 같은 접목의 이치는 사람 사는 세계에도 그대로 통용된다. 성공적인 접목을 위해서는 서로의 무엇인가를 도려내는 단절의 고통이 요구된다. 단절의 가치는 더욱 굳건한 소통과 융합을 담보하는 것이어야 하고 더욱 풍성한 결실과 발전으로 완성되는 것이다. 절단면의 깊이를 정확히 맞물리도록 하는 것은 원칙의 공유, 상호간의 존중과 신뢰, 그리고 세심한 배려다. 여기에 실패하면 단절의 상처만을 남기거나 융합 아닌 봉합에 그칠 뿐이다.

국가이건 지방정부이건 승패를 가르는 선거 뒤에는 으레 단절과 변화, 지양과 극복, 계승과 발전이라는 담론이 전개된다. 섭목의 이치를 한 번 쯤 음미해 볼 일이다. 대목과 접수를 결합시키는 데는 대단히 숙련된 기술이 필요하다는 점이 접목의 가장 큰 약점으로 꼽힌다는 점도 함께 말이다.

새가슴이나 되어 볼까*

너나없이 백세인생을 말하는 시대지만 『백년을 살아보니』라는 책을 낸 98세 어느 노老 철학자 정도면 몰라도 이제 겨우 지천명 문턱에 이른 주제에 감히 삶에 대해 말하기는 한참 아득하고 가당치않아 보인다.

그래도 앞으로 나아갈 길은 어렵지 않게 살피며 살아가는 가치지향의 꼰대는 되어야지 생각하는데, 잔잔한 호수 같은 내 마음에 돌을 던지는 이가 있다. 아내가 종종 나를 새가슴이라 핀잔하는 것이다.

좀 비싼 옷가지 하나 저지르지 못하는 등 매사에 좌고우면하여 통 큰 결단을 못하고, 싫고 좋음을 얼굴에 감추지 못하는 서투름과 남을 흔쾌히 인정하는데 인색한 편협함, 그러면서 작은 연緣에도 연연戀戀하여 상심傷心을 다반사로 하는 대범大汎치 못함

* 《기호일보》 2017년 11월 27일자 게재.

싫고 좋음을 얼굴에 감추지 못하는 서투름과
남을 흔쾌히 인정하는데 인색한 편협함,
그러면서 작은 연 에도 연연戀戀하여
상심傷心을 다반사로 하는 대범大汎치 못함이
새가슴의 징표들이란 거다.

이 새가슴의 징표들이란 거다. 가슴 한복판 뼈가 불거지지는 않았으니 신체적 새가슴은 아닌 터라 필시 겁 많거나 도량이 좁아 소심小心한 성격을 꼬집는 것일 게다.

모든 언어와 상징은 문화다. 문화엔 사회역사적 맥락이 있고 그게 집단정체성과 고정관념을 형성한다. 우리사회에 오랜 동안 만연해 온 남성본위 가부장적 문화에서 새가슴이란 퍽 불쾌하고 듣기 싫은 기의記意를 품은 기표記標이니 나또한 기분 나쁘고 억울함마저 들지만 그렇다고 그때마다 따지고 들자니 정말로 새가슴처럼 보일까봐 꾹 참곤 하는 것이다.

그런데 아닌 게 아니라 나이를 먹을수록 새가슴이 되어가는 것 같다. 게다가 요즘엔 외려 새가슴이 되어도 좋다고 생각되는 것이다. 새들은 머리까지 나쁘다고 은유되지만 애커맨Jennifer Ackerman에 따르면 아둔하지 않을 뿐 아니라 천재적이기까지 하다. 새의 가슴 또한 그리 가볍게 주홍글자 새길 일 아니다. 새를 욕보이는 것일 수 있으며 예의도 아니며 오히려 인간의 무지함을 드러낼 뿐이라는 건 다음의 몇몇 새가슴들이 웅변하는 바이다.

무지렁함과 끈기로 집을 짓고 새끼들을 키워내는 제비의 모성애는 그렇다 치자. 불혹의 나이 사십에 고집이나 필 줄 알았지 독수리처럼 각골刻骨의 혁신을 감행한 자 몇이나 될까. 까치나 까마귀처럼 받은 은혜 갚을 줄 아는 속마음 하얀 이는 또 몇이나 되나. 강한 눈보라치는 남극에서 서로의 체온을 지켜주기 위해 서로의 바람막이가 되어주는 펭귄들의 더불어 사는 지혜, 앞서거니 뒤서거니 멀고 긴 생의 항로를 비행하다가 서로가 지칠 때마다 '힘내라honk, 힘내라honk'며 목청껏 격려하는 기러기의 지혜는 아귀 같은 우리네 각자도생各自圖生보다 한참 고결하지 않은가.

새가슴처럼 소심해서 나쁘지 않은 건 또 있다. 소심小心은 대담하지 못하고 조심성이 지나치게 많다는 것인데 연전의 중국 출장길에 '小心小心xiǎoxīn xiǎoxin'이란 문구를 곳곳에서 발견했었다. 이 때 소신은 우리의 조심操心과 같은 말이다. 산분조심은 소심산화小心山火라는 식이다. 그러면 소심의 반대말은 대범이 아니라 다잡은 마음을 놓아버리는 방심放心이 된다.

재난안전본부에서 근무하게 된 후론 생각도 거꾸로 하게 된다. 과유불급過猶不及이라는 심오한 경구도 마찬가지다. 적어도 안전에 관한한 조금 모자란 것이 전부의 실패를 부를 수 있기에 차라리 조금 넘치는 편이 낫다. 과선어불급過善於不及인 셈이다. 준비에 실패하는 것은 실패를 준비하는 것이라 하지 않던가. 한 인터뷰에서 위에 언급한 노 철학자께서는 나름 백세인생을 행복하고 보람되게 산 비결에 대해 '미리미리 조심조심'한 덕이라 말씀하셨는데, 그것도 생각해보니 심상尋常하지 않다. 일전에 만난 전기안전공사 본부장님 명함엔 '전기안전 미리미리', 안전보건공단 본부장님 명함엔 '조심조심 코리아'라고 돼 있었는데, 이런 이심전심의 발견이라니.

겨울이다. 폭설이 걱정이고 한파가 걱정이고 하루가 멀다 하고 발생하는 화재가 걱정이다. 우리 모두 각자 소심해지고 서로에게 '소심하세요!'라고 덕담하는 겨울나기는 어떨까. 새가슴이면 어떻고 그보다 더 소심한 참새가슴이면 또 어떠랴.

생선 가시 삼키지 않는 법*

손가락이나 발가락에 가시가 박히면 매우 성가시다. 매우 고통스러울 뿐더러 온통 신경이 그리로 몰려 다른 일에 집중할 수가 없게 된다. 새 정부 들어 '손톱 밑 가시' 빼기가 한창이다. 이 때 가시란 중소기업과 소상공인들이 현장에서 겪는, 작지만 뼈아픈 불합리나 불공정한 애로사항이다. 지난 정부의 전봇대 보다 과연 국민 지향적이고 세심한 접근이다.

'가시'란 바늘처럼 뾰족하게 돋친 것이나 물고기의 잔뼈로 정의된다. 장미나 선인장은 줄기나 잎 또는 열매를 싸고 있는 것의 겉면에 바늘처럼 뾰족하게 가시를 세워 제 몸을 보호하고 맛난 준치나 조기의 잔가시도 먹을 때 여간 인내를 요하는 게 아니다. 국민생선으로 불리는 고등어 가시는 특히 가늘고 단단해 목에 걸리면 치명적일 수도 있다. 그러니 자고로 꽃이 곱다고 함부

* 《기호일보》 2013년 4월 24일자 게재.

로 건드리지 말고 생선은 덥석 삼키는 게 아니라 했다.

가시가 날카롭기로는 생선회와 매운탕으로 인기가 있는 우럭 또한 빼놓을 수 없다. 이걸 먹다 가시가 목에 걸려 단단히 고생한 기억이 있다. 미역을 듬뿍 넣어 맑은 탕으로 끓인 우럭 요리가 유명한 식당이었는데, 그만 미역 속에 감춰진 가시 하나를 모르고 삼킨 것이다. 당장 뜰 수도 없는 자리여서 말도 못하고 언뜻 떠오르는 대로 물을 들이켜고 밥을 우겨 넣었다. 가만히 침을 삼켜보니 다행히 찌르는 통증은 없었고 가시는 내려간 듯했다. 며칠을 두고 입천장과 식도 어디쯤에 가시가 있는 듯 이물감에 고생을 했다. 이후 내게는 발라낸 가시 다시 살피기라는 일종의 트라우마Trauma가 생겼고 생선요리를 앞에 둔 동료들에게 늘 가시조심을 반복하는 노파가 되었다. 실제로 생선가시가 목에 걸려 병원신세를 진 사람도 꽤 있었다.

바른다고 발라내도 자칫 잘못 삼켜버리게 되는 게 가시다. 인생도 마찬가지다. 어른이 된다는 것은 어쩌면 생선가시 삼키지 않는 법을 배우는 과정이랄 수도 있다. 그렇다고 이때의 어른이 생물학적 나이만을 의미하는 것은 아니다. 사리분별을 못하고 덥석 가시를 삼켜버리는 사람이나, 눈앞에 아른거리는 미끼를 덥석 물고 마는 물고기는 매 한가지인 셈이다. 한 순간의 고통이야 그렇다 치더라도 한 입 덥석 문 후과로 남의 밥상 위 제물이 되어서야 되겠는가. 원치 않는 생선가시를 삼키지 않기 위해 더 나이 들기 전에 한두 가지 자계自戒를 반추해 볼 이유다.

약 2천 년 전에 한나라 유향劉向이 사치를 경계하며 절의를 고양하는데 귀감이 될 188가지 옛 일을 모아 엮은 『신서新序』라는 책에 정나라 재상鄭相 이야기가 있다. 자신이 물고기를 좋아하는 줄 알고 물고기를 들고 찾아 온 손님에게 재상은 물고기를 좋아하므로 받지 않노라고 말한다. 물고기를 덥석 받은 후과로 관직을 잃게 되면 물고기를 사 먹을 수 없지만受魚失祿 無以食魚 물고기 대신 봉록을 소중히 한다면 평생 물고기를 즐기리라不受得祿 終身食魚는 것이다. 아랍의 한 속담은 '탐욕과 행복은 한 번도 마주친적이 없다'고 가르친다. 응분을 넘어서는 탐욕은 행복의 대척점인 자멸 가까이에 있는 것이다. 달콤한 당의정糖衣錠 속 쓴 알약은 몸에 좋기라도 할 터지만 덥석 삼킨 물고기는 치명적 가시가 될 수도 있다는 게 '종신식어終身食魚'의 교훈이다.

요행히 생선가시를 빌라내 입을 즐겁게 했다면 이제는 열자列子의 열어구列禦寇 얘기를 살필 일이다. 아무리 곤궁한 처지饑寒之憂에 있더라도 이득이 생길 때면 그게 옳은지 이익이 보이면 늘 그에 미친 해익을 생각하라見得思義 見利思害는 것이다.

바른다고 발라내도 자칫 잘못 삼켜버리게 되는 게 가시다.
인생도 마찬가지다.
어른이 된다는 것은 어쩌면
생선가시 삼키지 않는 법을 배우는 과정이랄 수도 있다.
사리분별을 못하고 덥석 가시를 삼켜버리는 사람이나,
눈앞에 아른거리는 미끼를 덥석 물고 마는 물고기는
매 한가지인 셈이다.

생선가시는 매번 살펴야 한다. 서서히 데워지는 물속에서 개구리는 저도 모르게 죽어간다. 키에르케고르는 타성惰性이야말로 우리를 죽음에 이르게 할 수 있는 병이라고 깨우치고 있다. 법구경法句經에 이르기를 '논밭은 잡초로 말미암아 손상되고 사람은 탐욕에 의해 손상된다.'고 했다. 타성은 웃자란 잡초가 되어 우리의 절제와 사리분별을 덮어버리는 것이다.

'손톱 밑에 가시 드는 줄은 알아도 염통 밑에 쉬스는 줄은 모른다.'는 속담이 있다. 눈앞에 보이는 사소한 이해관계에는 밝아도 잘 드러나지 아니하는 큰 문제 즉, 근본적 해악은 잘 깨닫지 못한다는 뜻이다. 손톱 곪는 줄은 알아도 염통 곪는 줄은 모른다는 것이다. 염통이 무엇인가. 심장이다. 심장이 멈추면 우리는 죽는다. 아름다운 장미와 맛난 물고기는 우리 도처에 있고 나이 들수록 가까이 있는 물건이 또렷하지 않다. 생선가시 삼키지 않는 법은 단 한번 접종으로 생기는 영구 항체가 아니라 거듭거듭 자계自戒해야 할 일이다.

눈꽃 핀 4월 태백산에서*

전에 없이 모진 꽃샘추위에 청명·곡우가 무색했는데, 과연 입하를 지나니 백가지 꽃은 흐드러지고 신록은 완연하다. 그러나 이런 봄의 호사도 잠깐이지 싶다. 계절의 질서를 흐트러뜨리고 있는 기후변화도 한 몫 하겠지만 아무래도 여름의 쇄도가 훨씬 강렬한 탓일 게다. 짧은 봄이 다가기 전에 갈무리해 두고픈 겨울의 은유 한 토막이 있다.

지난 4월 하순에 찾은 태백은 설국雪國이었다. 실로 오랜 꽃 시샘을 견디고 피어난 개나리는 하얀 눈을 머리에 인 채 황망해하고 있었다. 부슬부슬 내리던 봄비가 급기야 진눈개비가 돼 차창에 부딪히자 시간은 다시 겨울로 빠져 들어가는 듯했다. 마르크 샤갈의 가난한 러시아 고향마을에는 3월에 눈이 내린다지만, 철

* 《인천일보》 2013년 5월 17일자 게재. 그해 4월 하순에 초등학교 6학년생이던 아들과 둘이서 태백 여행을 했다.

한겨울 엄동설한의 저 겨울 산과 나무처럼,

저마다 처한 시련에 마주한 사람에게서

그 됨됨이와 깊이를 제대로 헤아릴 수 있지 않을까.

고된 시련 앞에서 하는 말과 취하는 행동이

곧 그 사람의 진면목이 아닐까.

눈 덮인 태백산에서 천년을 살고 죽어

또 천년을 살고 있을 저 의연한 수목들처럼 말이다

지난 4월에도 온통 하얀 태백은 그래서 태백太白인가 싶었다.

눈꽃을 가득 피운 주목朱木들이 혹은 산 채로 혹은 죽은 채로 수천의 병사들처럼 늘어서 태백산 정상을 호위하고 있었다. 짙은 안개에 쌓인 천제단天祭壇은 장관이라기보다 차라리 몽환적이었다. 바람이 안개를 흩뿌려 하늘과 땅의 경계를 모호하게 하고 구름과 태양의 숨바꼭질은 눈 덮인 산정을 밝음과 어두움으로 번갈아 놓았다. 그 명암을 따라 백두대간의 웅자가 아쉬운 대로 광활한 파노라마였다.

사실 높건 낮건 산은 스스로 가장 앙상한 한겨울에 맨 몸을 드러낸다. 나뭇잎을 남김없이 떨군 뒤 비로소 제 높이와 깊이, 가파름과 품을 더하고 뺄 것 없이 보여준다. 짙고 푸른 잎으로 한껏 몸피를 키운 여름의 산이나, 그런 연후에 화려한 빛으로 치장한 가을의 산을 두고는 아무래도 산의 진면목眞面目이라 하지는 못할 바다.

겨울에 그 진면목을 보이는 것이 산뿐이겠는가. 산에 뿌리 내린 나무도 그러하며 그런 산을 쉼 없이 오르내리는 사람이 또한 그러하다. 흔히 열길 물속은 알아도 한 길 사람 속은 모른다고 한다. 거하게 나눈 술잔이 평소와는 다른 모습을 보여준다고도 한다. 함께 사업을 해 보면 좀 더 내밀한 곳이 드러난다고도 한다. 힘센 완장을 찼을 때 비로소 그 됨됨이가 보인다고도 한다. 그러나 곳간에서 인심난다고 형편이 좋은 만큼 베푸는 게 인지상정이고 보면 아무래도 그로써 사람의 깊이를 재기에는 온전하지 못한 면이 있다.

그러니 오로지 생존을 위해 극한의 궁핍을 감내하고 그 속에서 새로운 잉태를 준비하는 한겨울 엄동설한의 저 겨울 산과 나무처럼, 저마다 처한 시련에 마주한 사람에게서 그 됨됨이와 깊이를 제대로 헤아릴 수 있지 않을까. 고된 시련 앞에서 하는 말과 취하는 행동이 곧 그 사람의 진면목이 아닐까. 눈 덮인 태백산에서 천년을 살고 죽어 또 천년을 살고 있을 저 의연한 주목들처럼 말이다. 태백산 아래 민박집 아주머니의 말이 실로 그러했다. 태백산이 성수기인 것은 그래서 12월에서 1월인 것일 게다. 4월 하순에 때 아닌 눈꽃으로 피어났던 태백산이 건네준 겨울의 은유다.

굿바이, 여름방학*

아이들 여름방학이 벌써 끝났다. 학교와 학원에다 봉사활동까지 시간돌림을 겪었던 아이들이 안쓰러워 방학한 날 치킨파티를 열어 준 게 엊그제다. 사실 절대적 기간이야 내가 학생이던 시절에도 여름방학은 한 달이 채 안 되었다. 그럼에도 훌쩍 지나가버린 여름방학에 정작 부모인 내가 더 아쉽고 한 살 한 살 나이 먹을수록 그 옛날의 여름방학이 진하게 그리워지는 것은 어인 탓인가.

우선 그 옛날의 방학은 더디 흘렀다. 나는 여름이건 겨울이건 방학이 되자마자 시골에 혼자 사시던 할머니 집으로 갔고 대부분 방학 내내 머물렀다. 기차타고 완행버스 타고 또 십리를 걸어 해거름 가까울 때 도착했다. 휴대폰은 물론이고 집전화도 없던 때라 나는 무사히 도착했음을 편지로 알려야 했다. 십리 길을 걸

* 《경기일보》 2014년 8월 26일자 게재.

어 나와 우체국에 들렀다가 또 십리를 걸어 돌아가야 했다. 텔레비전도 없고 컴퓨터도 없고 게임기도 없었으므로 하루 종일 마을 또래들과 어울려 노는 일밖에 없었다. 하루는 더디 갔고 넉넉히 길었다.

그 시절 방학은 자연의 세례였다. 수영장 대신 개울에서 수영복이 없으니 발가벗고 개헤엄을 쳤다. 손위들을 따라 저수지에 붕이 낚시를 갔다. 먼저 거름구덩이를 호미로 파서 지렁이가 파뿌리처럼 붙어 있는 흙덩어리를 비닐봉지에 싸 가지고 갔다. 마을에 몇 그루 없던 복숭아나무들은 해마다 철없는 서리를 맞아야 했다. 전기가 귀했고 밤은 칠흑 같았는데 별이 쏟아져 내려 가로

방학은 그런 거 아닌가.
일상의 시간과 공간과 관계에서 좀 떨어져 보는 것,
나중에 그것들이 훌쩍 커버린 몸과 마음에
추억과 자양분으로 깊숙이 남아 있음을 깨닫는 것.
어느 여름, 방학이 끝나고
시골을 떠날 때 제집 뒷마당에서 따나 건네준
청포도 한 송이를 지금껏 잊지 못한다.

등이 필요 없었고 개똥벌레는 전혀 귀하지 않은 장난감이었다.

그리고 그 방학은 할머니의 맛이었다. 홍두깨로 반죽 밀어 칼로 썰고 배춧잎과 호박만 넣어 끓인 손국수는 어린 나도 한 양푼이 넘게 비울만큼 맛났다. 긴 여름밤마다 마당엔 멍석이 깔렸고 모깃불 향이 그윽했다. 동네 사람들은 약속도 없이 모여들었는데 약속이나 한 듯 날마다 돌아가며 막 쪄낸 구수한 옥수수를 한 바가지씩 안고 왔다. 아침햇살에 늦잠을 깬 손자를 위해 할머니는 헛간 짚더미를 뒤져 갓 낳은 따끈한 달걀을 따뜻하게 쪄서 밥상에 올려 주셨다. 할머니는 내가 군대 있을 때 돌아가셨고 나는 이제 그 맛을 죽어도 볼 수 없게 됐다.

방학은 그런 거 아닌가. 일상의 시간과 공간과 관계에서 좀 떨어져 보는 것, 나중에 그것들이 훌쩍 커버린 몸과 마음에 추억과 자양분으로 깊숙이 남아 있음을 깨닫는 것. 어느 여름, 방학이 끝나고 시골을 떠날 때 또래 하나가 제집 뒷마당에서 따다 건네준 청포도 한 송이를 지금껏 나는 잊지 못한다.

올여름 내 아이들은 학원이 쉬는 일주일을 정말로 쉰 것일 뿐이고 그 절반을 부모와 함께 북적대는 피서지로 떠나야 했으며 영화 한 편을 고작 보았을 뿐이다.

온기溫氣 있는 조직이 일 한다*

한의학에서는 온열양한溫熱凉寒, 즉 네 가지 기氣가 혈관에 영향을 미친다고 본다. 온열溫熱은 양의 기로서 혈관을 확장시키고 양한凉寒은 음의 기로서 혈관을 수축시킨다고 한다. 흔히 혈기방장血氣方壯하다고 하는 것은 피의 기운이 사방으로 뻗치듯 씩씩하다는 것이다. 혈액순환을 가로막는 것을 혈전血栓이라 하는데 사람에게 필요한 기와 혈 즉, 혈기에 생기는 문제가 만병의 근원이 되는 것이다.

하나하나의 사람이 그러할진대, 공동의 목적을 위해 모이거나 만들어진 유기체인 조직組織에도 마찬가지로 혈과 기는 생명이 된다. 조직의 혈관을 확장시키는 기운은 온열溫熱이다. 냉기가 저류하는 조직은 조직의 혈관을 수축시킨다. 온기 있는 조직이라야 할 일을 제대로 하게 된다. 온기는 만물을 소생시키듯 조직

* 《인천일보》 2012년 1월 20일자 게재.

의 모든 세포를 깨어나게 한다. 온기는 사람들의 눈과 귀, 코와 입이 살아 숨 쉬게 한다. 온기는 사람들의 가슴을 데워서 의욕과 열정을 불러일으킨다. 좋은 예例가 있다.

인천경제자유구역청의 모든 회의에는 온기가 흐른다. 회의에 참석하는 인원의 경우, 관계있는 있는 사람은 누구나, 많을수록 좋다는 게 원칙이다. 좁은 회의실은 늘 북적댄다. 그렇다고 많은 사람들이 뿜어내는 체온들의 기계적 총합이 조직에 온기를 불어 넣는 건 물론 아니다. 누구에게나 말할 기회가 주어지고 말단 실무자의 견해는 가장 존중된다. 때론 지나치다싶을 정도로 넘쳐서 무질서하다는 느낌도 받는다. 문제는 흡사 난장 같은 이런 분위기를 리더가 조장한다는 데 있다. 그런데 이런 조장이 역설적으로 백가쟁명을 거쳐 백화제방으로 이끄는 동력이 된다. 관료조직의 굳은 토양을 허무는 이런 문화가 처음부터 뿌리내린 건 물론 아니다. 새로운 리더가 출현하면 구성원들은 그 스타일이 어떤지 예민한 촉수를 발동한다. 세밀하고 반복적인 관찰을 통해 그 스타일에 대해 지속가능한 것이라 여기고 나서야 스스로의 문화로 체화하는 것이다.

조직에 온기를 불어 넣는 방법은 공명共鳴이다. 한의학에서는 모든 생명의 반응양식을 공명으로 본다. 뜻밖에도 식물의 의식

조직에 온기를 불어 넣는 방법은 공명共鳴이다.
한의학에서는 모든 생명의 반응양식을 공명으로 본다.
뜻밖에도 식물의 의식이 가장 섬세하다고 한다.
겉보기에 미동도 않는 듯하지만
식물은 부단히 자신의 환경과 공명한다.

이 가장 섬세하다고 한다. 겉보기에 미동도 않는 듯하지만 식물은 부단히 자신의 환경과 공명한다. 굳이 '정관貞觀의 치治'를 말하지 않아도, 리더가 스스로 남들보다 총명하다고 생각해서 제멋대로 군다면 부하들은 틀림없이 그 비위를 맞추려 들거나 굳게 입을 다물게 된다. 그렇게 되면 리더는 조직을 잃고 조직은 되는 일도 없게 되는 것이다.

전국책戰國策 연燕나라 편에 매사마골買死馬骨의 고사가 있다. 천리마를 얻기 위해 리더는 우선 죽은 말의 뼈를 후한 값을 쳐 주고 사들인다. 그러자 이내 천지 사방에서 살아 있는 말이 모여들고 준마가 줄을 잇고 마침내는 천리마를 품게 되었다는 것이다. 회의에서 스스로 쓸모없다고 생각하면서 의견을 내는 사람은 없다. 그러므로 아무 짝에도 쓸모없는 의견이란 없는 법이다. 작은 쓸모들이 모여 큰 쓸모가 된다. 작은 쓸모들에 후한 값을 쳐 줄 때 묻지도 않은 실천방안들이 앞 다투어 도출된다. 스스로 토해낸 열변들은 고스란히 일에 대한 열정으로 전화되고 조직은 후끈 달아오르는 것이다.

온기는 바로 사람에 대한 예의와 배려에서 나온다. 그 근저에 공자가 정치의 근본이라고 설파했던 근자열 원자래近者說 遠者來의 오랜 가르침이 있다. 고객만족Customer Satisfaction의 동력이 내부만족Employee Satisfaction에 있다는 현대경영학의 화두도 같은 맥락이다. 가까이 있는 자들이 기뻐해야만 먼 곳에 있는 자들이 찾아온다. 정치 이전에 조직경영의 기본이다.

사람이건 조직이건 위기가 닥치면 본능적으로 위축된다. 조직의 혈맥을 소통시키는 온기는 그래서 위기 앞에서 더욱 절실히 요구된다. 하루하루 겨울이 정점으로 치닫고 있다. 겨울을 나는 최고의 동력은 조직에 온기를 불어 넣는 일이다. 따뜻하게 데워진 공기가 아래에서 위로 올라간다는 게 물리학의 대류현상이다. 하지만 사람 사는 사회에서 온기는 위에서 아래로 스며들어야 한다는 상식은 췌언贅言일지도 모르겠다.

새해에는 '방향등'을 켜자고요*

세계에서 열손가락 안에 드는 높아진 경제력에도 불구하고 자동차 사고건수와 사망자수를 나타내는 '교통안전지수'에서 우리나라는 OECD 34개국 가운데 여전히 최하위권에 머물러 있다. 교통사고 발생에는 교통문화 수준이 여러모로 깊이 관련돼 있고 이것이 결국 한 사회 교통안전의 척도가 된다.

교통안전지수를 산정하는 도로교통공단은 교통사고와 연관된 네 가지 법규위반요인으로 과속과 음주운전, 신호위반과 뒷좌석안전띠착용을 조사한다. 여기에 방향지시등, 이른바 '깜빡이' 조작여부가 빠져 있는 것이 아쉽다. 교통사고와의 인과관계도 상당할 뿐 아니라 과거에 비해 기하급수적으로 불어난 자동차와 복잡한 도로망을 가진 우리에게 깜빡이는 매우 중요한 교통문화다.

* 《중부일보》 2012년 12월 28일자 게재.

그래서인지 모든 운전자는 좌우회전이나 유턴, 멈추거나 후진할 때 또는 진행하면서 진로를 바꿀 때 제대로 방향지시를 하지 않으면 20만 원이하 벌금이나 구류, 과료 등 생각보다 엄한 처벌을 받도록 도로교통법은 규정하고 있다. 그 많은 자동차들 중에 제대로 깜빡이를 켜는 운전자는 얼마나 될까.

교통안전공단은 운전행태와 교통안전 영역에 각각 40점, 보행행태와 교통약자 영역에 각각 10점을 부여해서 100점 만점의 '교통문화지수'를 매년 조사한다. 이 운전행태 영역에 안전띠와 이륜차 안전모 착용, 횡단보도 정지선 및 신호 준수와 함께 방향지시등 항목이 들어 있다. 지난 2011년 우리나라 종합 교통문화지수는 74.79점으로 전년(74.71점)에 비해 0.08점 상승했고 운전행태 영역에서도 정지선 및 신호 준수, 안전띠와 안전모 착용은 다소나마 모두 개선됐다.

그런데 깜빡이만 6점 만점에 3.97점으로, 점등비율로는 전년도 62.06%에서 61.83%로 소폭이지만 유별나게 나빠졌다. 조사방법도 한계가 많아서 현실은 더 심각할 수 있다. 가령 교통량이 많은 시간대에 갑작스런 끼어들기 같이 진로를 바꿀 때 깜빡이를 켜는 지가 중요한데, 현행 조사는 교차로에서 좌회전하는 경우만을 계산한다. 그것도 교통량이 적은 오전 오후 각 1시간 동

도로를 사회라 치자면 깜빡이는
내가 어떤 행동을 할지 미리 알리는 적극적 신호보내기다.
다른 사람에 대한 최소한의 배려이면서
더불어 다른 사람들로부터 자신의 안전을 보장받기 위한
선제적 의무다.

안에 도시별로 겨우 두세 지점에서의 조사가 전부다.

물론 깜빡이가 교통문화의 전부도 아니고 교통사고의 유일한 요인도 아니다. 하지만 교통사고와의 연관성 측면에서보다 사회문화적 맥락에서 깜빡이는 중요한 의미를 갖는다. 안전띠와 안전모는 기본적으로 자신의 안전을 꾀한다. 정지선과 교통신호는 주어지는 규칙을 따른다는 의미에서 소극적 질서다. 도로를 사회라 치자면 깜빡이는 내가 어떤 행동을 할지 미리 알리는 적극적 신호보내기다. 다른 사람에 대한 최소한의 배려이면서 더불어 다른 사람들로부터 자신의 안전을 보장받기 위한 선제적 의무다.

교통문화는 사회구성원들이 지닌 가치관과 행동양식의 반영이다. 현대 사회에서 교통문화는 거의 대부분의 사람들이 참여하는 생활문화가 됐고 총체적 사회문화를 보여주는 중요한 단면이 됐다. 병든 교통문화는 전체 사회문화에 영향을 주게 되고 반대로 병든 사회문화는 교통문화에도 오롯이 자리 잡게 된다.

'깜빡이' 켜지 않는 사회는 예측불가능의 사회문화를 반영하는 게 아닐까. 이 시대를 함께 살아가는 타인에 대한 취약한 배려의 징표가 아닐까. 한치 앞도 내다보기 어려운 하루하루를 살다가 문득 예고 없는 방향전환을 해야 하는 우리들 각자의 자화상은 아닐까. 큰 선거가 끝났다. 새로운 시대의 요구와 사회적 과제들에 대한 논의가 무성하다. 거창하지는 않지만 새해에는 나부터 우리 모두 깜빡이 제대로 켜고 살았으면 좋겠다.

행복하려면 사랑하라*

'행복'이 단연 화두다. 2013년 유엔의 세계행복보고서World Happiness Report에는 행복과 관련한 의미 있는 부분이 나와 있다. 보고서는 사회심리실험과 신경과학 연구를 바탕으로 행복은 주관적subjective 범주에만 머무는 게 아니라 객관적objective 혜택으로 우리에게 보답하는 역동적인 것임을 밝히고 있다.

행복은 우선 건강한 삶을 오래 누리게 도와준다. 행복한 사람에게는 각종 염증과 심장질환이 줄어드는 대신 면역과 내분비 체계는 개선된다. 행복은 병으로부터 회복되는 속도도 빠르게 하고 운동이나 금연을 잘 실천할 수 있게 해 준다. 둘째, 행복은 생산성을 높여준다. 행복한 사람은 결근이 적고 다른 사람과의 협력과 협동에 적극적이다. 종업원의 만족도를 높여 기업의 매출과 이윤을 키워준다. 셋째, 높은 수준의 행복감은 사람들의

* 《경기신문》 2013년 11월 20일자 게재.

개인적, 사회적 행태도 바꾸어 준다. 장기적 목표를 추구하여 저축은 늘리고 소비는 줄이게 한다. 헌혈과 기부, 자원봉사에 적극 참여하게 하고 안전벨트 착용을 늘려서 사고위험을 줄여주기까지 한단다.

나아가 한 사람 한 사람의 행복감이 사회 전체에 긍정적인 '눈덩이효과snowball effect'를 낳는다는 사실, 또 이런 연구결과들이 사회문화가 서로 다른 120여개 국가에서 보편적으로 확인된다는 사실은 매우 중요한 정책적 시사다. 주관적 행복이 다양한 영역에 걸쳐 긍정적인 외부효과 혹은 파급효과spillover를 낳는다면, 정책의 중심에는 반드시 '행복'이 자리해야 한다는 거다. 그럼 공적 정책의 영역은 그렇다 치고 우리들 각자는 어떻게 하면 행복해질까.

행복하려면 사랑하자. '사랑', 이것이 물론 행복의 문을 여는 단 하나의 비밀번호는 아닐지라도 행복에 이르는 확실한 둘레길인 것은 맞지 않겠는가. "네 이웃을 사랑하라"는 성서의 가르침까진 아니어도 좋다. 바로 자신의 행복을 위해 사랑하라는 거다. 물론 지금 말하는 사랑은 남녀 간 사랑일 필요는 없다. 한 여류 시인의 말처럼 이 세상 모든 사랑은 무죄다. 오히려 사랑하지 않는 게 죄다. 주저하거나 두려워할 일이 아니다. 영국 시인 테니

나아가 한 사람 한 사람의 행복감이
사회 전체에 긍정적인 '눈덩이효과snowball effect'를 낳는다는 사실,
또 이런 연구결과들이 사회문화가
서로 다른 120여개 국가에서 보편적으로 확인된다는 사실은
매우 중요한 정책적 시사다.

슨의 말처럼 사랑하고 잃는 것이 사랑을 하지 않는 것 보다 낫기 때문이다.

"한 세상 살고 나서 남길 수 있는 게 사랑밖에 없다면 자꾸자꾸 사랑해야 하지 않을까." 많은 이들에게 잔잔한 감동을 준 작가 박완서의 말이다. 경남 거창에 400명이 채 안 되는 작은 고등학교가 있다. 우리나라 대표적 혁신학교이자 '행복학교'로 꼽히는 이 시골 학교 교육목표는 거창하지는 않지만 큰 울림이 있다. "이 세상에는 '나'만큼 귀한 '너'가 살고 있다. 너라는 존재는 이용의 대상이 아니라 사랑과 구원의 대상이며, 더불어 살아가야 할 나의 소중한 이웃이다."

다시 우리들의 문제로 돌아와, 그렇다면 어떻게 사랑하면 되

는 것일까. FC서울 축구감독 최용수는 선수시절 자타가 공인하는 최고의 국가대표 스트라이커였다. 그가 출퇴근하며 차 안에서 매일 듣는 노래가「 백만 송이 장미」라고 한다. '미워하는 미워하는 미워하는 마음 없이/아낌없이 아낌없이 사랑을 주기만 할때' 행복의 꽃은 피어나리라. 수십 명 선수들을 이끌며 매 경기결과로 평가받는 감독으로서 자칫 빠지기 쉬운 편견과 사심을 버리고 모든 선수들에 임하고자 하는 그의 너른 품은 독수리를 닮았다.

이렇듯 사랑은 먼저 행하고 줌으로써 행복에 이른다고 청마 유치환은 노래한다. '사랑을 한다는 것은 사랑을 받느니보다 행복하나니라' 그리고 '사랑하였으므로 진정 행복하였네라.' 올가을엔 사랑함으로 행복하기 위해 내가 먼저 그리운 이에게 편지를 써보자. 답이 없으면 또 어떠랴. 주관적 행복이 주는 객관적 혜택만으로도 나는 이미 충만할 터인데.

기억과 기록*

노인 한 사람은 도서관 하나 만큼의 경험과 지혜의 보고라고 한다. 요즈음 나는 일흔 중반 내 아버지의 일생을 틈틈이 기록하고 있다. 식민지시대와 해방정국의 흐릿한 기억부터 6·25를 거쳐 산업화 민주화시대를 관통해 오늘에 이르는 작은 역사다. 감사하게도 아직 온전한 당신의 기억 속에서 풀려나오는 이야기들의 그 다사다난했던 구체성에 놀라고 때론 먹먹해진다. 어느 지점에서부터 당신의 삶 속에 자식인 내가 들어 있고 나와 당신이 함께 걸어온 날들에 대한 '우리'의 기억이 되살아나며 내가 살아가야할 앞날에도 당신의 삶이 거름이 될 것임을 새삼 깨달으며 숙연해지는 것이다.

벤야민Walter Benjamin은 '기억하기'란 단순히 기억된 대상을 복원하는 작업이 아니라 기억하는 주체의 깨달음이 개입된 실천의

* 《경기일보》 2014년 7월 7일자 게재.

벤야민은 '기억하기'란 단순히 기억된 대상을
복원하는 작업이 아니라 기억하는 주체의 깨달음이
개입된 실천의 과정이라고 봤다.
아버지의 기억을 기록하는 것도
그 경험에서 지혜를 구하는 실천이다

과정이라고 봤다. 아버지의 기억을 기록하는 것도 그 경험에서 지혜를 구하는 실천이다. 사회적 기억으로서의 역사도 사실자료를 다루는 과학에 머무는 것이 아니라 사회적 실천의 대상인 것이다.

이러한 실천적 기억의 산물이 기록인바 우리의 기록문화는 참으로 대단하였다. 조선시대 사관과 사초라는 이름의 기억과 기록은 신성불가침의 영역이었다. 그 결과물인 〈조선왕조실록〉을 가리켜 유네스코는 세계적으로 유례를 찾기 힘든 방대하고 치밀하며 놀라운 기록이라고 찬탄했다. 현재 우리나라 기록물 11개가 세계기록유산에 등재돼 있지만 이는 우리의 기록DNA가 빚은 유산의 일부에 불과하다.

그런데 우리의 기록문화가 갈수록 후퇴하고 있다. 그 한 징후는 기록의 형식주의다. 예컨대 백서는 치열한 기록정신과 기억하려는 실천의 산물이어야 하지만 현실에선 가장 재미없어 가장 읽지 않는 책이 돼 버렸다. 도처에 널렸으되 잘 읽지 않으므로 대충 만드는 책으로 변하되고 있다. 두 번째 징후는 기록의 소외다. 실천적 기억으로서의 기록은 읽힘으로써 완성된다. 기억과 기록 그리고 독서력이야말로 역사로부터 배우고 현재를 성찰하여 미래를 지속가능하게 하는 사회자본이다. 그런데 도무지 읽지 않는 작금의 현실은 우리를 불안하게 한다. 지금 우리 국민의 3할은 한 해 한 권의 책도 읽지 않고 우리의 책 읽는 시간은 세계 꼴찌다. 기억력을 좀먹는 스마트 폰이라는 이름의 독배를 유별나게 탐닉하는 것도 우리사회다.

세월호를 잊지 말자고 한다. 문서와 사진, 구술 등 관련된 모든 기록을 수집해서 기억하고 기록하기 위한 시민단체가 출범했고 '세월호 기억저장소'도 세운다고 한다. 이렇게 사회적 기억을 형성하고 공유하기 위한 작업은 좀 더 나은 세상을 만들기 위한 정치적 실천의 의미도 지닌다. 이를 계기로 우리의 실천적 기억하기와 도저한 기록DNA도 힘차게 깨어나기를 바란다.

대간사충*

한 시대를 사는 우리들의 반복적인 오류는 반면교사를 관념 속에 가둬 두는데 있다. 머리로는 역사를 과거와 현재 간의 대화라고 거듭 되뇌며 그 대화가 가리키는 바를 알아야한다고 하면서도, 우악스러울 정도로 과거를 반복하는 연유는 무엇일까. 그 한 예를 '진실한 사람'에 대한 고전의 언명을 통해서 생각해 보기로 하자.

『송사宋史』에 '대간사충大姦似忠'의 고사가 전해지는데, 중국 송나라 신종 때 이른바 왕안석 신법으로 불리는 개혁정책을 두고 입장이 서로 다른 세력이 다투는 중에 한쪽이 상대방을 탄핵하며 올린 상소에 등장하는 말이나. '아주 간사한 사람은 충신과 닮았고, 큰 속임수는 사람들로 하여금 오히려 쉬이 믿게 만든다大姦似忠 大詐似信'는 것이다. 겉으론 소박하고 진실하게 보이는데 마음

* 《기호일보》 2016년 7월 27일자 게재.

속에는 간사한 음모가 있고 이처럼 실로 간사한 사람은 언사가 교묘하여 대개는 충직하다고 믿게 만든다는 말이다.

이처럼 '간'과 '충'은 바로 사람의 문제, 사람과 사람 간의 문제여서 사람들이 엮어가는 모든 사회적 관계에 해당하는 것이지만 도드라져 보이기로는 권력관계만한 것이 없다. 그래서인지 안방극장 드라마 속에는 힘의 중심(권력)을 공전하는 군상들이 늘 선명한 이분법으로 그려진다. 충忠과 역逆이 그것이다. 대개 충은 선善으로 역은 악惡으로 등치된다. 드라마는 우리 주변에서 일상적으로 재연된다. 그러나 현재형인데다 더구나 전지적全知的 작가 시점이 애당초 불가능한 현실세계에서 이분법적 충과 역은 미혹되기 십상이다.

그럼에도 몇 가지 대간大姦을 감별하는 단초는 있게 마련인데 아무래도 그 첫째는 '위危'와 짝패를 이룬다. 대체로 역사 속 대간大姦들은 위기 국면에서 등장하여 입지를 다지는데 기실 그 위기를 위정자나 권력자로 하여금 절체절명의 것으로 받아들임으로써 자신들의 말에 귀 기울이도록 만드는 비결과 능력을 그들은 가졌던 것이다. 그러고 보면 민심을 사려는 어떤 이도 위기를 논하지 않은 이가 없고 새로이 자리에 앉으려는 어떤 이도 위기 극복을 지상과제로 내세우지 않은 적이 없지 않은가.

『송사宋史』에 '대간사충大姦似忠'의 고사가 전해지는데,
중국 송나라 신종 때 이른바 왕안석 신법으로 불리는
개혁정책을 두고 입장이 서로 다른 세력이 다투는 중에
한쪽이 상대방을 탄핵하며 올린 상소에 등장하는 말이다.
'아주 간사한 사람은 충신과 닮았고,
큰 속임수는 사람들로 하여금
오히려 쉬이 믿게 만든다大姦似忠 大詐似信'는 것이다.

다음으로 대간을 결국 욕됨으로 이끄는 것이 바로 '욕慾'이다. 그들이 위기를 꾸미거나 부풀리고 이를 기화로 뜻한 바를 도모하려는 근저에는 언제나 주체할 수 없이 꿈틀거리는 욕망이 있다. 그것이 대의명분에 부합하는 것이든 오로지 사사私邪한 것이든 간에 일을 무리하게 밀어붙임으로서 결국에는 부작용을 낳게 되곤 한다.

그리하여 결국 대간의 마지막 징후는 '독獨'이 된다. 대간의 욕망은 이를 많은 이들과 함께 나눌 수 없는 것으로 만든다. 욕망의 끝은 다른 색깔과 다른 관점을 차례로 배제시키고 홀로 힘의

중심에 남아 있는 자신을 발견하는 것이다. 모든 네트워크와 관계가 단절되고 사상된 고립무원의 힘은 결국 더 이상 지속가능하지 않게 된다. 고립무원의 힘은 공동체의 운명을 책임지는 소임을 더 이상 감당할 수 없게 된다.

개인적으로 진한 슬픔은 한 순간 왔다 가는 것이 아니라 두고두고 생각나서 가슴을 저미는 칼날이 되고, 역사적으로 대과大過는 한 순간 후회로 잊히는 것이 아니라 두고두고 치러야 할 사회적 비용이 된다. 개인이든 크고 작은 권력이든 뭐든 '진실한 사람'에 대하여 역사가 거듭 깨우치는 바다. 그러므로 일을 크게 그르치는 대간보다야 눈꼴사납고 때론 측은하기는 하여도 소간小姦 정도라면 그 하는 품을 그저 세상의 범사로 넘겨버릴 수도 있으련만. 우리는 누구이며 진실한 사람은 누구인가.

청춘이여,
저 강을 건너보세*

매년 5월 중순, 아프리카 중동부 세렝게티Serengeti의 넓은 평원에 건기가 찾아오면 백만 마리 넘는 누 떼와 수십만의 얼룩말과 영양羚羊들이 생명의 물을 찾아 서쪽 초원지대를 향해 3,000㎞의 대이동을 한다. 그리고 12월 우기가 되면 다시 수천 킬로 밖 고향으로 돌아온다. 뒤쫓는 굶주린 사자들과 도처에 몸을 감춘 악어에 대한 공포를 떨치고 나아가는 험난한 여정, 생존과 번식을 위한 그 필사의 용기를 설명하기에는 한껏 두려움 머금은 영양들의 커다란 두 눈이 역설적이게도 아름답다.

사람의 역사도 이와 다르지 않아서 큰물을 건너는 모험과 도전을 통해 운명을 개척한 집단이 한걸음 앞서 문명을 발달시키고 세계에 대한 주도권을 향유해 왔다. 멀리 갈 것도 없이 '대항해시대'로 일컬어지는 15세기 말부터 18세기까지 유럽인들은 지

* 《중부일보》 2015년 6월 11일자 게재.

칠 줄 모르는 탐험을 통해 아프리카부터 아메리카까지를 접수하고 무역을 통해 자본주의를 발전시킨 결과 지금까지도 비유럽 세계를 압도하고 있지 않은가.

자연과 사람 할 것 없이 두렵고도 낯선 도전에 뛰어들어 큰 강을 건너야만 비로소 이로움을 취할 수 있다. 그러고 보면 자연의 운행질서와 인간사회의 근본원리, 이른바 천지인天地人의 법칙을 담은 주역周易에서 '이섭대천利涉大川'의 원리를 거듭 천명하고 있다는 점도 그리 공교로운 바는 아닌 것이다. 큰 강은 우리가 맞닥뜨리는 곤경이자 위험의 상징이다. 강을 건넌다는 것은 눈앞에 펼쳐진 난관을 극복하려는 의지이자 부딪쳐 보겠다는 결단이며 그 결과를 기꺼이 감내하겠다는 선택인 것이다.

삶은 크고 작은 선택의 연속이고
그 선택은 대체로 빠른 길과 더딘 길,
익숙한 길과 낯선 길, 평탄한 길과 굴곡진 길,
우르르 몰려가는 길과 외로운 길 사이의 선택이다.
그리고 대체로 후자의 길에서 더 값진 깨달음과
더 큰 성취가 발견되어 왔던 것이다.

이런 선택은 대체로 가보지 않은 길이다. 무성한 숲속에 난 두 갈래 길도 있고 실타래 같이 엉킨 여러 갈래 길도 있으며 갈지 말지를 도무지 분간하기 어려운 외길도 있다. 프로스트R. L. Frost는 그 갈림길에서 아마도 더 걸어야 할 것 같은 길, 사람들이 적게 간 길을 택했다고 그리고 그런 선택이 자신의 모든 것을 바꾸어 놓았다고 노래했다.

삶은 크고 작은 선택의 연속이고 그 선택은 대체로 빠른 길과 더딘 길, 익숙한 길과 낯선 길, 평탄한 길과 굴곡진 길, 우르르 몰려가는 길과 외로운 길 사이의 선택이다. 그리고 대체로 후자의 길에서 더 값진 깨달음과 더 큰 성취가 발견되어 왔던 것이다.

오늘 우리사회에는 소위 '레트로Retro' 열풍이 한창이다. 빛나는 청춘들의 기억을 더듬는 작업들이 드라마 '응답하라' 시리즈로, 영화 '쎄시봉'으로, 그리고 각종 연예프로그램으로 줄을 잇는다. 그러나 이런 복고復古의 바람은 그 정서적 호소력에도 불구하고, 꽉 막힌 현실에 아파하고 불안한 미래에 절망하는 오늘의 청춘들에 편승한 상업주의라는 혐의를 지울 수 없다. 영화 '국제시장'이 강렬한 페이소스Pathos 그 이상을 느끼게 하는 것은 단지 상처받은 청춘들의 감상적 고뇌를 보여주고 있기 때문만은 아니다. 극한의 고난과 역경의 큰 늪 앞에서 주저앉거나 도피하지 않고 낯설고 두려운 미지의 세계를 향해 운명의 봇짐을 꾸려 길을 떠났던 이전 세대의 도전과 선택을 보여주었기 때문이다.

백여 년 전 하와이 사탕수수 농장을 향해 떠났던 기약 없는 이민과 그 뒤를 따라 태평양을 건넜던 조선의 사진신부들이 있었다. 자유를 찾아 실낱같은 희망에 목숨을 건 삶들이 홍남부두를 메웠다. 광부로 간호사로 군인으로 근로자로, 독일로 베트남으로 중동으로 미증유의 바다를 건넌 청춘들이 있었고, 부모형제 정든 고향을 떠나 난생처음 서울로 도시로 기차에 몸을 실은 꿈들이 있었다. 그들은 그야말로 파란波瀾 많은 강물을 건너고 익숙한 것과 헤어지거나離 낯선 세계를 향해 떠남移으로서, 즉 섭대천 함으로써 이로워지지 않았던가.

우리의 청춘들이여, 그저 아프니까 청춘은 아니지 않은가. 꿈이 있는 아픔이라야 청춘인 거고 꿈을 위한 모험과 도전까지를 품어야 청춘의 특권이라 말할 수 있지 않겠는가. 그리고 그 특권으로 내 앞에 놓인 계곡이건 냇물이건 강물이건 바다건 건너봄이 어떠한가. 그러면 저 건너편에는 그 선택에 대한 보답이, 적어도 그 결단과 용기에 상응하는 만큼은 그대를 기다리고 있을 게 분명하니 말일세.

민주 대리에게*

"고객님!" 나는 불안과 기대를 함께 그러쥐고 상기된 얼굴로 그녀 앞에 앉았다. "이 휴대폰은 정상 복구는 불가능하고요, 지금 겨우 메모와 사진파일만 임시로 복구하는 데 성공했지만 언제든 다시 완전히 아웃될 수 있으니까 바로 후속조치를 취하셔야 돼요." 그녀 역시 상기된 얼굴에 목소리도 다소 떨렸다. 그 마음이 어렵지 않게 읽혔다. 지금 막 그녀는 세 시간의 사투(?)까지는 아니어도 고투苦鬪를 마무리한 참이다. 그리고 그녀 스스로 절반도 안 될 것이라던 성공 가능성을 마침내 현실로 만들어 낸 희열임에랴. 다 죽어가던 사람 살리듯 맛이 간 휴대폰을 복구해냈다. 더 중요한건 기계 자체가 아니라 그 속에 담겨 영원히 사라질 뻔했던 한 사람의 고객(그가 누구이던)의 소중한 자료들, 삶의 기억들을 다시 살려낸 셈인 것이다.

* 《기호일보》 2015년 6월 5일자 게재.

알 수 없는 이유로 휴대폰이 먹통이 된 지난 이틀 동안 나는 다른 사람들에게서 들어만 봤던 소위 '멘붕'에 근접해 있었다. 부랴부랴 홈페이지를 뒤진 끝에 가까운 서비스센터를 찾아가 만난 대리 직함의 수리 기사의 이름은 '민주', 나이도 다른 아무 것도 모른다. 난 다만 그녀가 약관弱冠을 지난 지 그리 오래되지 않은 청년靑年이며, 고용노동부 소정의 기술자격을 갖춘 대리로서 아직은 미생未生인 자리에서 그 어렵다는 감정노동에 종사하고 있는 이 사회의 젊은이 중 한 명이라는 사실을 직감할 뿐이다.

몇 마디 말로는 결코 담아 건넬 수 없는 고마운 마음을 짧은 인사로 대신하며 서비스센터를 나와서야 영업시간이자 그녀의 퇴근시간이 훌쩍 지났음을 알았다. 곤혹감으로 일그러지고 잔뜩 찌푸린 내 표정 앞에서도 그녀는 시종일관 진지했으며 그 때까지 한 마디 불평도 하지 않았다. 그녀가 고투하는 동안 나는 고작 커피 두 잔을 마셨을 뿐이다. 그녀의 (기술과) 정성이 없었다면 모든 게 정지되거나 사라졌을 주말동안 혹은 그 이상 얼마간을 나는 전전긍긍해야 했을 것이다. 구세주를 만난 기분이란 이럴 때 쓰는 말인가 싶었다.

내가 기계치에 가깝다는 사실을 직업적 후각으로 맡았는지 그녀는 내가 집에 돌아와서 컴퓨터 앞에 앉아 바로 취해야할 백업

'민주'라는 청춘의 상기된 얼굴이 떠오른다.
그들이 진지하게 마주하는 그들의 미래가
을과 미생에게 주어지는 열정 페이pay로 인해
좌절하지 않는 현실이 조금이라도 앞당겨질 수 있기를,
청년 실업률이 10.7%로 15년 만에 가장 높은 수치를
기록했다는 통계청의 우울하기 그지없는 자료에도
굴하지 않는 꿋꿋하고 당당한 열정day들로
하루하루 충만하기를 바라마지 않는다.

조치들을 일일이 메모지에 써가며 신신당부 알려 주었고 이것으로 우리 만남은 일단락됐다. 그러했는데 알 수 없는 감동이 내안으로 밀려 들어왔고 그것은 내 안에서 오랫동안 자리 잡고 있을 충만充滿 같았으며 나에게 지금 약간 격한 감정으로 이 글을 쓰게 하고 있다.

나를 고양高揚시킨 건 그녀가 남다르게 지녔을 지도 모르는 기술 때문이 아니다. '민주'라는 이름을 가진 이 땅의 청년이 보여준 일에 대한 열정熱情과 사람에 대한 예의禮儀 때문이다. 다른 한편으로 이 땅의 젊은이들에게, 그들의 박약함과 표피성과 허한

과 미지근함에 대해 가졌던 이 땅의 40대 후반 꼰대의 사시斜視를 되돌아보게 만든 때문이다. 혹자는 말할지 모른다. 이 사회의 청년들은 당신이 휴대폰을 고치기 전에도 후에도 늘 청년다운 끈기와 뜨거움을 지니고 있었다고. 그런 젊은이들은 생각보다 많고 당신에게 비교적 눈에 띄지 않았을 뿐이라고. 그러기에 모자라고 필요한 건 그들의 꿈과 열정이 아니라 오히려 당신 같은 기성旣成들의 관대함과 배려라고.

다시 '민주'라는 청춘의 상기된 얼굴이 떠오른다. 그들이 진지하게 마주하는 그들의 미래가 을과 미생에게 주어지는 열정 페이pay로 인해 좌절하지 않는 현실이 조금이라도 앞당겨질 수 있기를, 또한 지난달 15세에서 29세까지의 청년 실업률이 10.7%로 15년 만에 가장 높은 수치를 기록했다는 통계청의 우울하기 그지없는 자료에도 굴하지 않는 꿋꿋하고 당당한 열정데이day들로 하루하루 충만하기를 바라마지 않는다. 이 땅의 모든 청춘들에게 보내는 이 작은 헌사와 응원으로 '민주' 대리에 대한 감사를 대신한다.

탱자가 되지 않기 위해*

어릴 적 마을 곳곳에 탱자나무가 있었다. 담장이 따로 없었으므로 자연스럽게 울타리가 되기도 했고 여름을 지나면서 노랗게 익은 열매는 갖고 놀기에도 좋았다. 그 열매가 기침감기에 약효를 가진다는 것, 그리고 그 많은 가시는 지난날 유배 죄인을 위리안치圍籬安置하는데 쓰였다는 것은 커가면서 안 사실이다. 몇해 전에 시골에서 탱자 묘목을 캐다가 텃밭에 심었는데 그 자람이 참 더디다.

연전 11월초쯤에 중국 난징을 여행하던 차에 길에서 파는 귤을 사 먹어 보았는데 맛이 제법 좋았다. 그런데 그 땅 넓은 대국이라는 중국에서 난 귤이 방울토마토마냥 참으로 작은 것이 아닌가. 회수淮水를 건너온 요놈을 꼭 고만한 크기의 탱자로 오인하거나 혹은 은유하기도 했을 법했다.

* 《기호일보》 2016년 2월 24일자 게재.

이쯤에서 탱자는 하나의 사회학적 상징이자 기호記號가 된다. 『안자춘추晏子春秋』에는 남쪽 땅의 귤나무를 북쪽 땅에 옮겨 심으니 무늬만 비슷한 탱자나무가 되더라는 남귤북지南橘北枳의 고사가 전한다. 사람이든 제도든 문물이든 그것이 이식되거나 전파되는 환경에 따라 다양한 변용을 보이는 것은 그 자체로 문제 삼을 게 아니다. 그러나 귤이 탱자 되듯 그것이 지닌 본질적 내용이나 가치가 빠지고 모양이나 껍데기만 남게 되면 이건 좀 심각한 것이다.

단재와 탱자는 서로 다른 모습으로 발현되는
본질적 문제를 지적하는 하나의 목소리다.
그것은 달리 말하면 영혼과 통찰의 요구다.
제도건 문물이건 사상이건
무릇 문화는 전파와 변용을 만들어낸다.
그것이 바람직하기 위해서는 그것들에 구현되어 있는
가치를 훼손하지 않으면서 동시에
스스로의 환경과 맥락에 맞게 발전적으로 바꾸어내는
힘과 노력이 필요한 것이다.

'옷'과 '놀이'를 의미하는 단어를 합성한 코스튬플레이costume play 혹은 줄여서 '코스플레이(코스프레)'라는 일본식 용어가 있다. 유명한 게임이나 영화, 애니메이션에 등장하는 캐릭터와 똑같은 의상을 입고 분장을 하고 행동을 흉내 내는 것을 뜻한다. 우리는 과연 '코스프레 사회'에 살고 있지 않은가. 암만 생각해도 그 탱자에 우리사회의 표피적 자화상이 자꾸 어른거리는 까닭을 좇다가 단재丹齋와 조우한다.

"석가가 들어오면 조선의 석가가 되지 않고 석가의 조선이 되며, 공자가 들어오면 조선의 공자가 되지 않고 공자의 조선이 되며, 무슨 주의가 들어와도 조선의 주의가 되지 않고 주의의 조선이 되려 한다. 그리하여 도덕과 주의를 위하는 조선은 있고 조선을 위하는 주의와 도덕은 없다."

- 1925년 1월 2일자 《동아일보》 4면, '낭객浪客의 신년만필新年漫筆

근 한 세기 전 입국했던 식민치하에서 나라밖을 떠돌던 단재가 노예적 특색이라고 통탄스럽게 목도했던 조선의 아픈 습성중 하나가 도덕이나 주의主義, 종교나 이론을 수용함에 있어 주체적 이해를 망각하고 교조와 명분에 매달리는 것이었다.

단재와 탱자는 서로 다른 모습으로 발현되는 본질적 문제를 지적하는 하나의 목소리다. 그것은 달리 말하면 영혼과 통찰의 요구다. 제도건 문물이건 사상이건 무릇 문화는 전파와 변용을 만들어낸다. 그것이 바람직하기 위해서는 그것들에 구현되어 있는 가치를 훼손하지 않으면서 동시에 스스로의 환경과 맥락에 맞게 발전적으로 바꾸어내는 힘과 노력이 필요한 것이다. 지금은 역사책에서나 볼 수 있는 중국의 중체서용中體西用, 일본의 화혼양재和魂洋才 그리고 우리의 동도서기東道西器를 떠올린다. 쓰린 실패의 한계와 교훈에도 불구하고, 밀려오는 서구 제국주의 열강의 문명에 주체적으로 대응하려고 했던 몸부림이 한편으로 새삼 생각나는 오늘이다.

나의 소박한 을람乙覽기*

온종일 산더미 같은 국사를 처리하느라 파김치가 됐을법한 피곤한 몸으로도 밤을 밝혀 책을 붙들어야 했던 옛 제왕들의 고통스런 독서규범이 있었으니, 이 때가 지금의 밤 10시 전후라는 데서 을람乙覽이라 불렀다. 무릇 수만 백성들의 삶을 책임져야 하는 지도자로서 이만한 자기수련이 없어서야 되겠는가 싶기도 하다. 글공부하는 옛 선인들에게도 독서삼여讀書三餘의 지침이 있었으니, 농사일이 없는 겨울과 밤 그리고 비 오는 날을 아껴 책을 읽으라 하였다.

그러나 농경사회가 아닌 오늘을 사는 필부필부匹夫匹婦에게 꾸준한 독서는 그리 쉬운 게 아니나. 현대인의 삶에 밤과 낮, 맑은 날과 궂은 날의 구분이 크지 않기 때문이다. 더구나 연말연시의 분주함 탓에 옛 농한기로서의 겨울이 주는 여유는 오히려 빠듯

* 《중부일보》 2012년 2월 21일자 게재.

한 게 현실이다. 더구나 즉시성即時性을 다투는 온갖 미디어의 홍수 속에서 비록 하루에 두어 시간이나마 책에 대한 헌사를 사치로 여기는 이도 있을 것이다.

그럼에도 불구하고 비단 제왕들만이 아니라 동서고금을 막론하고 유한有限과 미지未知를 운명으로 타고난 모든 사람들에게 각자의 삶을 좀 더 깊이 통찰하는 제일의 방도는 여전히 독서라 하겠다. 그래서 한 해 동안 1만 쪽의 책을 읽겠다는 야심찬 목표를 세웠던 게 작년 이맘때다. 결론부터 얘기해서, 목표를 달성하지 못했다면 이 경험을 통해 독서를 위한 몇 가지 도움말을 공유해 보고 싶다는 소박한 생각도 못했을 것이다.

첫째, 독서목록은 거의 소설로 채웠다. 소설이되 검증된 고전소설로 하고 역사소설이면 더욱 좋다. 시대와 세대, 공간을 초월하여 인간과 사회의 근본적 문제에 대한 진지한 성찰을 추구하는 것이 고전古典이 갖는 권위의 제1의적 조건이다. 그래서 고전은 계속 읽히는 것이고 때로 논란을 동반하되 대체로 '명불허전名不虛傳'이다. 많은 사람들이 추천하는 필독서이되 기실 그 통독이 드문 것은 고전이 갖는 역설이자 굴레이기도 하다. 고전의 반열에 이름을 올린 작품들 공통의 미덕은 '특수성'의 '보편성'으로의 승화다.

독자들이 경험하지 않은 혹은 경험할 수 없는 특정한 시대적 공간적 조건에서의 구체적 삶, 그것은 독특한 사고방식과 생활양식을 수반하는 것이면서 작가의 자전적 체험을 크건 작건 바탕으로 한다. 이러한 특수성은, 시공을 초월하여 존재하는 다양한 독자들이 자연스럽게 스스로의 삶을 투영하고 반추하면서 공감하게 될 때 비로소 보편성을 획득하게 된다. 특히 작품과 작가의 시공과 독자의 시공이 갖는 이질성이 클수록, 특수성의 보편성으로의 진화는 그만큼 어렵고 또 그만큼 가치 있게 된다. 또, 소설이 역사소설로 불리기 위해서는 작가의 역사의식과 역사적 시기에 대한 작가의 신념과 가치가 주제를 이루어야 한다. 이 점에서 모든 고전소설이 역사소설이 되는 것이 아니고 그 역도 마찬가지다.

둘째, 독서목록에 '도시와 문학'이라는 공통의 테마를 부여했다. 이 테마가 독서에 흥미와 지구력을 갖게 해주었다. 모든 소설문학은 그 공간을 갖는데, 대부분 특정한 도시를 배경으로 한다. 근대 소설문학의 효시로 꼽히는 「천로역정」이 17세기에 탄생한 작품이라는 점에서 도시는 나름대로 재미있고 의미 있는테마다.

첫 번째 독서목록인 D.H. 로렌스의 『아들과 연인』(884쪽)은 재목에서 포착되는 우리의 직관을 보기 좋게 빗나간다. 이 작품은 전혀 외설적이지 않다. 대신에 영국 노팅엄을 배경으로 산업화 시기 광산노동자 가족의 삶이 있다. 섬세하게 통찰된 어머니와 아들들 그리고 아들의 연인들의 관계에서는 뜻밖에도 동서고금을 관통하는 보편적 인간관계의 하나가 '고부갈등'일 수 있음을 엿본다.

시엔키에비츠의 『쿠오바디스』(1,077쪽)에서 물질문명의 화려함과 인간의 탐욕에 지칠 대로 지친 도시, 로마와 로마인의 삶을 본다. 멘도사의 『경이로운 도시』(768쪽)는 『돈키호테』 이후 처음 접하는 스페인 소설로 그 가치관과 사고방식, 문화에 대한 무척 색다른 경험과 가보지 못한 도시, 바르셀로나에 대한 경이로운 상상력을 제공한다.

위고의 『파리의 노트르담』(939쪽)에서는 현란한 병렬적 수식어구와 이중 부정을 통한 강조법에 적지 않은 인내가 필요했다. 집시 여인과 부주교, 곱사등이 같은 인간군상의 사랑과 탐욕의 관계를 통해, 단순한 선과 악의 대결구도가 아니라 보편적 인간이 갖는 다면적 속성을 치밀하고 흥미롭게 풀어낸 작품이다. 그 속에서 오랜 기간 세계사의 한 중심이었던 파리의 수백 년 전 도시 풍경을 활자를 통해 상상해 보는 즐거움은 덤이다.

이 작품과 약 20년의 시차를 두고 발표된 플로베르의 『마담 보바리』(554쪽)에서는 집시여인의 환영을 본다. 결혼조차 못하고 형장의 이슬로 사라지는 집시여인의 운명과 달리, 보바리 부인은 스스로의 기질적 숙명을 이기지 못하고 파멸해 가는 여인으로 그려지는 상당한 차이를 보이지만, 과연 플로베르는 위고로부터 자유로울 수 있었던 것일까? '루앙'은 파리와 달리 보바리 부인이 벗어나기 위해 몸부림쳤던 프랑스의 작은 도시였다.

키지의 『뻐꾸기 둥지 위로 날아간 새』(525쪽)는 미국 오리건 주 포틀랜드의 한 정신병원을 배경으로 우리의 보편적 사회가 가진 권력과 기본권, 자유와 속박의 문제를 펼쳐 보인 좋은 작품이다. 특히 다양성이 용인되지 않는 억압적, 독재적 체제에 대한 해부가 돋보이는 이 작품을 쓴 당시 만27세 작가의 통찰력에 감탄한다. 디킨스의 『위대한 유산』(924쪽)은 왜 그가 셰익스피어와 더불어 영국의 국민작가로 추앙받는 지를 유감없이 보여준다. 김승옥 소설의 한 배경이 된 '무진霧津'을 연상케 하는 영국의 어느 시골 습지마을을 배경으로 한 소년의 세속적 변질과 인간성의 회복과정을 풍부한 해학 속에 감동적으로 그리고 있다.

19세기 중후반, 아프리카 동부 니제르 강을 젖줄로 살던 한 부족마을의 운명을 서구 제국주의가 어떻게 바꿔 버렸는지를 아체

글공부하는 옛 선인들에게도
독서삼여讀書三餘의 지침이 있었으니, 농사일이 없는 겨울과 밤
그리고 비 오는 날을 아껴 책을 읽으라 하였다.
독서는 사람만이 할 수 있는 지적 작업으로서
세계를 이해하고 자신의 삶을 성찰하는 유력한 과정이다.

베의 『모든 것이 산산이 부서지다』(267쪽)를 통해 아프게 경험한다. 종교를 무기로 기존의 가치와 질서에 갈등과 분열을 조장하면서 침습해 들어온 식민주의는 이어서 학교를 세우고, 정부와 재판소를 세우면서 그 지배를 제도화 해 나갔다. 이 과정에 아메리카대륙 인디언의 운명이 오버랩 된다. 우리의 조선, 구한말 우리 민족의 운명이 또한 그랬다.

헬러의 『캐치-22』(862쪽)는 제2차 세계대전 당시 지중해 연안한 섬에 주둔하던 미 공군의 모습을 통해 전쟁이 낳는 광기를 풍자한다. 죽고 죽이는 전쟁에서 '무명용사'라는 의미는, 철저하게 재수가 없어서 죽은 사람일 뿐이고 그 죽은 사람에게는 누가 전쟁에 이기느냐는 문제는 사실 아무 의미도 없다고 작가는 일갈

한다. 이 같은 실존적 고민은 피안의 삶과 현세적 죽음의 문제를 다룬 김훈의 『흑산』(416쪽)에서 다시 만났다.

인류 최고의 문학작품으로 평가되기도 하는 『안나 카레니나』(1,763쪽)는 1만 쪽 독서 장정長征의 절정이자 종착역이었다. 모스크바와 페테르부르크, 그리고 목가적인 러시아의 전원을 배경으로 펼쳐지는 톨스토이의 대작이다. 제도적 굴레에 저항하며 스스로의 열정에 충실하고자 했던 '안나'의 모습에 저 집시여인과 마담 보바리의 그림자가 보였다. 그러나 고뇌하면서도 보다 정신적인 가치를 추구했던 레빈과 키티의 삶이 정작 톨스토이가 은유한 주인공이라는 점을 확인했을 때의 교감이 무척이나 기뻤다.

이외에도 나의 1만 쪽 독서목록에는 역사와 법률분야 책 세권과 소위 자기계발서로 분류되는 두 권이 더 있다. 특히 후자는 계산에 넣지 않았는데, 그야말로 언제 어느 곳에서도 필요한 부분을 찾아 읽으면 되는 것이기 때문이다.

며칠 전 『1만 페이지의 독서력』이라는 제목의 책이 작년 초에 출간된 사실을 뒤늦게 접하고 우연의 일치가 주는 묘한 기분을 느꼈다. 실제로 1만 쪽의 독서를 경험한 바로는 기적은 없다. 하루 27쪽의 균일한 독서는 애초에 불가능할 수도 있다. 독서 장정

長征은 휴식과 몰입이라는 비정형적 과정이다. 밤을 새우기도 하다가는 반대로 며칠째 석권釋卷하기가 다반사기 때문이다. 지난 연말, 목표달성을 위해 몰아칠 때의 독서는 솔직히 아예 고역이었다. 그래서 올해는 독서량을 정하지 않기로 했다.

그럼에도 불구하고 독서는 사람만이 할 수 있는 지적 작업으로서 세계를 이해하고 자신의 삶을 성찰하는 유력한 과정이다. 마침 올해가 '국민독서의 해'라고 한다. 국민들의 독서율이 갈수록 낮아지고 있다고 한다. 읽는 양이 아니라 읽혀지는 책의 문제가 더 심각할 수 있다고 본다. 이렇게 공적 지면을 빌려 보잘것없는 개인적 감흥을 펼쳐 놓은데 대해 크게 눈살 찌푸리시지 않기를 부탁드린다.

할머니의 대문 없는 집*

고령사회가 축복인지 재앙인지에 대해서는 관점도 해석도 각각이지만 뚜렷한 현상 중 하나는 조손가정의 증가다. 현대사회가 초래하는 수많은 위험으로 인해 중간세대가 사망하는 경우에 남겨진 손자손녀와 예전보다 오래 살게 된 할아버지 할머니가 함께 살게 되는 것이다. 나는 어릴 적에 그러니까 돌 지나고 얼마후부터 초등학교 2학년 때까지 너무 일찍 청상이 된 할머니와 시골에서 살았다. 부모님은 당시 우리나라에 몰아치던 산업화와 이촌향도의 커다란 흐름을 따라 도시로 떠나 자수성가를 위해 애쓰던 터였다.

내 경우를 전형적인 조손가정이었다 할 순 없지만 분명한 것은 한 세대 위의 온축된 삶의 지혜를 본받고 터득한다는 면에서 조부모의 그늘은 무척이나 값진 것이라 할 만하다. 흔히들 한 치

* 《기호일보》 2018년 1월 18일자 게재

할머니는 손자뿐만 아니라

타인, 이방인에 대한 환대의 정신을 몸소 실천하셨다.

할머니 집은 신작로에서 마을 어귀에 첫 집이었고 대문도 없었다.

당시에는 멀리서 장을 보고 밤늦게 마을을 지나던 장꾼이나

각종 방물을 파는 장수들이며 탁발하는 스님에

구걸하는 동냥아치들도 많았는데

할머니는 한 번도 이들을 문전박대한 적이 없었다

건넌 내리사랑만큼 무조건적이며 무한한 게 없다고들 하고 그래서 조부모 밑에서 자란 아이들이 버릇없다고도 하는데, 그런 면도 있겠지만 전체적으로 보면 틀린 말이다.

세월이 흐르면서 내 기억도 흐려가지만 그때에야 마을에 전기가 들어오고 좀 후에 수돗물이 나오게 되었고 또 좀 후에 버스가 비포장 신작로를 다니게 되었는데 내겐 찬 경이로운 경험들이었다. 책가방 대신에 책보를 어깨와 허리에 가로질러 매고 십리 가까운 길을 걸어 학교에 다니고, 또 십리 길을 뛰어 먼 마을에 텔레비전 있는 집을 다녀왔던 밤들도 기억난다.

당시에도 의식주가 넉넉지 않았던 시골치고는 그래도 밥걱정 없는 형편이었음에도 할머니는 노란 좁쌀을 많이 섞은 밥을 지어 당신은 노란 밥을, 손자에게는 흰 밥을 차려 주셨다. 매일 아침 헛간 짚더미에서 갓 낳은 따뜻한 달걀을 가져다 노랗게 쪄 밥상에 올려 주셨고 어물 귀한 산골 마을 오일장을 다녀오실 때마다 명태새끼를 축으로 사 와서 한 마리씩 다듬이방망이로 두들겨 부드럽게 해서는 구워 주시곤 하셨다. 손수 조청을 고고 감주를 뜨시고 인절미며 시루떡을 만들어주셨는데 어지간히 호강스런 어린 시절이었다. 가끔씩 내 할머니 얼굴도 못 본 내 아내에게 서툰 설명을 해가며 할머니 맛을 간청해 보기도 하지만 나시는 복원할 수 없는 것을 어찌하랴.

할머니는 손자에게 이토록 극진하였을 뿐만 아니라 타인, 이방인에 대한 환대歡待의 정신을 몸소 실천하셨다. 할머니 집은 신작로에서 마을 어귀에 첫 집이었고 대문도 없었다. 당시에는 멀리서 장을 보고 밤늦게 마을을 지나던 장꾼이나 각종 방물을 파는 장수들이며 탁발하는 스님에 구걸하는 동냥아치들도 많았는데 할머니는 한 번도 이들을 문전박대한 적이 없었다. 물을 대접하고 밥을 대접하고 여인네는 재워주기도 했다.

이런 기억의 장면들을 재발견하는 곳은 요즘 텔레비전에서 세계를 여행하고 소개하는 몇몇 프로그램이다. 여기 등장하는 세계 곳곳의 사람들은 먼 곳에서 온 낯선 이방인에게 반갑게 인사하고 언제나 환대한다. 벽지나 오지 사람들은 너나없이 그렇고 곤궁한 처지 사람들이 더 극진하다. 자신들이 먹을 빵 한 조각이나 우유 한 잔을 기꺼이 나누려 하고, 좁은 집 한 편을 이방인이 몸 뉘일 자리로 내놓는다. 이방인의 정리定離를 알면서도 막상 떠날 땐 그 짧은 인연의 정리情理를 그들은 늘 애틋해 한다. 이런 모습은 우리 고향의 할머니 할아버지 부모님을 쏙 빼닮았다. 불과 한 세대 전 우리 시골들이 그러하였다.

할머니의 대문 없는 마당은 마을에서 제일 먼저 멍석이 펴지는 곳이었고 밤마실의 목적지였다. 할머니와 어린 손자가 함께 쓰던 넓지 않은 방 하나도 사정은 마찬가지였다. 동네엔 청상의 신산함을 함께 겪은 할머니들이 꽤 많았는데 이들이 밤늦도록 구석구석 차고앉아서 풀어내는 끝도 없는 옛이야기를 들으며 나는 상상력을 마구마구 동원하곤 했다.

지금 내가 때때로 할머니를 다시금 추억하는 까닭은 지극정성으로 베풀어주신 무한의 사랑 때문만이 아니다. 지금도 내 혀와 소화기관들에 뿌리처럼 굳건히 자리 잡은 그 구수하고 편안한 그리하여 내게는 이 세상에서 가장 맛있었던 음식들 때문도 아니다. 할머니와 함께했던 어린 시절, 그 대문 없던 집에서 몸소 깨우쳐주셨던 정신과 태도, 사람에 대한 예의 때문이다.

3부

행복의 조건과 과정은 지속가능성이다

지속가능한 행복을 향해*

지난 이명박 정부는 7%대 경제성장, 1인당 GDP 4만 달러와 세계 7대 경제 강국, 이른바 '747공약'을 통한 국민 '성공시대'를 주창했었다. 지금 박근혜 정부는 국민 '행복시대'를 말한다. 두 슬로건은 다른 걸까. 다르다면 그 변화에 담긴 뜻은 무엇일까. '이스털린의 역설Easterlin's Paradox'에 답이 있다. 미국 경제사학자 이스털린은 1974년, "소득이 일정 수준에 도달하고 기본적 욕구가 충족되면 소득이 증가해도 행복에는 큰 영향을 끼치지 않는다."는 명제를 발표했다.

'성공'이 곧 '행복'은 아니라는 사실은 이제 지구상에서 보편성을 획득했다. 사회진보와 개인적 삶의 질은 물질적 부 이상이며 일상생활의 즐거움과 더 나은 미래전망 등 주관적 행복이 중요하다고 보는 것이고, GDP 같은 거시경제지표를 진보와 동일시

* 《인천일보》 2013년 6월 14일자 게재.

하는 한계를 극복하고 경제와 사회, 환경적 영역으로부터 도출된 집합적 복지collective welfare 수준을 높이는 것이 각국 공공정책의 과제가 된 것이다.

사실 GDP는 원래부터 삶의 질이나 복지를 위한 지표가 아니다. 단지 재화와 서비스의 생산과 교환의 기계적 총합이기 때문에 비용과 편익, 생산적 활동과 파괴적 활동, 지속가능한 활동과 그렇지 못한 활동을 구분하지 않고, 모든 금전적 거래는 사회적 후생을 추가한다고 가정한다. 또한 GDP는 금전적 교환의 영역 즉 시장market의 바깥에서 발생하는 활동들, 예컨대 가사활동이나 자원봉사활동 같이 사회적 복지에 매우 중요한 기능들을 모두 무시할 뿐 아니라 사회경제 내부의 불평등에 대해서도 답하

자연환경과 미래세대까지를 포함하는
'지속가능성sustainability'의 관점에서 도입된 것이
'포괄적 복지지수IWI: Inclusive Wealth Index'다.
지속가능발전의 실질은 인류의 행복 내지 복지인데
그 행복이란 단지 오늘날의 문제가 아니라 미래 세대의 행복을
포함해야 한다는 거다.

지 못한다.

이 때문에 UN은 사회와 개인의 삶의 질을 평가하는 대안적 측정지표로 '인간개발지수HDI: Human Development Index'를 1990년부터 매년 발표한다. 소득뿐 아니라 건강과 교육 데이터를 함께 고려하고 이들 각각의 내적 불평등 수준을 반영해 보정한다. 2011년 제65차 유엔총회는 '발전에 대한 총체적 접근으로서의 행복Happiness: towards a holistic approach to development'이라는 의미 있는 결의안을 만장일치로 채택했다.

그 결과 HDI에서 한걸음 더 나아가 자연환경과 미래세대까지를 포함하는 '지속가능성sustainability'의 관점에서 도입된 것이 '포괄적 복지지수IWI: Inclusive Wealth Index'다. 지속가능발전의 실질은 인류의 행복 내지 복지인데 그 행복이란 단지 오늘날의 문제가 아니라 미래 세대의 행복을 포함해야 한다는 거다. 그래서 한 사회에 비축돼 있는 인적자본과 인간이 생산해 놓은 자산, 거기에 자연적 자산을 합한 총량과 그 잠재적 가치가 미래세대의 수요를 충족할 수 있는지를 함께 살펴야만 비로소 인류의 행복수준을 말할 수 있다는 거다.

우리의 지난 세대는 '잘살아보세'를 오매불망하며 1인당 GDP 2만 달러 고개를 넘어 압축적 성장을 일궜다. 그 과정에서 '개인'

과 '자아'는 상당부분 유보되고 소외됐다. 세계에서 가장 높은 고령화 속도와 양극화, 이혼율과 자살률, 반대로 가장 낮은 수준의 출산율과 행복지수가 우리의 우울한 자화상이 됐다. 진짜 '잘사는 것'이 뭔지, 이제 우리사회도 구성원 한 사람 한 사람이 어떻게 얼마나 잘살고 있는지를 살피는 지표가 필요하게 됐다. 경제성장과 생태적 관심의 균형, 사회진보와 개인적 행복의 균형, 현세대와 미래세대의 균형을 아우르는 지표가 필요하다.

경상북도 봉화 산골에서 농사짓다가 2004년 작고한 재야사상가 전우익 선생의 갈파喝破가 새롭다. "혼자만 잘 살믄 무슨 재민겨." 혼자서만, 물질적으로만, 지금 세대만 잘 살면 별 재미없다는 거다.

베를린에서 프랑크푸르트까지*

3월 15일, 베를린에서 열린 녹색기후기금GCF 제3차 이사회 참석을 마치고 돌아오는 길, 프랑크푸르트 행 기차를 탔다. 길고 엄혹했던 겨울을 지나 봄이 오고 있었다. 중부 유럽의 비옥한 대지는 때 아닌 폭설에 뒤덮여 제 덩치보다 더 광활해 보였다. 채 녹지 않은 눈밭 틈새를 비집고 푸른 새싹들이 다투어 기지개를 켜고 있었다. 지나치는 시골마을들이 고풍스럽고 잘 정돈된 느낌으로 감탄을 자아내게 했다.

그런데 중부 독일을 가로질러 남쪽으로 내닫는 기차에서 정작 눈길을 붙든 것은 마을마다 무리지어 서있는 풍력발전기였다. 크고 작은 회전날개들은 빠르거나 가끔은 서 있거나 느리게돌아가고 있었다. 전기를 만들어 내는 바람개비와 햇볕을 채집하는 집열판을 우리의 시골마을에서 보게 될 날도 머지않겠구나 싶었

* 《경기일보》 2013년 3월 26일자 게재.

다. 자신을 키운 8할이 바람이었다고 노래한 시인이 있었다. 우리들의 지속가능한 미래를 있게 할 8할은 바람과 햇볕일지도 모른다.

기차는 앞으로 내달는데 생각은 문득 뒤를 돌아본다. 오래지 않은 지난 날, 밤이면 호롱불을 켰고 산길을 내어 십리 장을 보러 갔던 우리들의 시골에 신작로가 나고 전깃불이 들어 왔다. 난방 방법은 연탄을 거쳐 기름과 가스보일러로 바뀌고 온 동네 공유물이었던 TV 대신에 집집마다 인터넷이 깔렸다. 칠십 청년 할아버지는 도시 사는 손녀가 궁금해서 서툰 휴대폰을 달고 사는 시대가 됐다. 이 아름다운 조손의 삶을 오래도록 이어줄 지속가능한 에너지, 그 8할은 아마도 햇볕과 바람이 될 것이다.

기차는 괴팅겐을 지나 신·재생에너지의 선진도시로 이름난 카셀을 향한다. 독일은 유럽연합EU 가운데 에너지 소비가 가장 많은 나라다. 전체 에너지 생산에서 신·재생에너지 비율이 세계에서 가장 높은 나라도 독일이다. 현재 약 20%에서 2022년에는 35%까지 끌어올린다는 계획이다. 우리나라는 2020년까지 15% 정도를 목표로 하고 있다. 일조량이 적은 독일의 주력 신·재생에너지는 풍력이다. 전체 신·재생에너지의 1/3을 풍력이 차지한다. 작년에도 독일은 총 2,439메가와트의 전기를 생산할 수 있는 1,008개의 풍력터빈을 마을 곳곳에 새로 설치했다. 더욱 인상적인 것은 풍력을 포함하여 신 · 재생에너지의 50% 이상을 개인이나 농장과 같은 지역사회가 소유하고 있다는 점이다. 중앙 집중적 에너지수급에서 지역사회 중심의 에너지 자립은 민주주의적 가치뿐만 아니라 기후변화를 포함한 다양한 재난과 위험관리에서도 바람직하고 효과적이다.

이 나라는 산업혁명을 거쳐 세계열강의 반열에 올랐으나 군국주의 망령에 사로잡혀 세계대전의 패자가 됐다. 폐허를 딛고 일어나 라인 강의 기적을 일궈낸 이 나라는 이제 지속가능한 지구환경을 위한 노력에 모범 국가가 됐다. 차창 밖으로 펼쳐지는 독일 시골마을의 풍경은 이러한 국가적 노력의 생생한 현장이다.

우리는 독일에 광부와 간호사를 보내 그들의 피땀을 밑천삼아

중앙 집중직 에너지수급에서 지역사회 중심의 에너지 자립은
민주주의적 가치뿐만 아니라 기후변화를 포함한
다양한 재난과 위험관리에서도 바람직하고 효과적이다.
우리 인천은 지구한경문제에 내해
지속가능한 녹색성장을 주창히고 그리고 GCF의 본부가 됐다.

한강의 기적을 이뤘다. 참혹한 동족상잔의 폐허에서 불과 반세기만에 세계에서 열손가락 안팎에 드는 경제규모를 갖췄다. 원조로 연명하던 신세에서 이제 가난한 나라에 적잖은 돈을 쓰는 입장이 됐다. 날로 심각해지는 지구환경문제에 대해 지속가능한 녹색성장을 주창하고 그리고 GCF의 본부가 됐다. 그럼에도 우리의 민낯은 여전히 어색하다. 1인당 GDP가 독일보다 못한 우리나라의 1인당 전력소비는 독일보다 많다. 1인당 이산화탄소 배출량도 독일보다 많다. 지난 20년간 독일의 그것이 준 데 반해 우리는 외려 늘었다. 청정연료를 쓰겠다고 한 정부 부처 간 합의를 무시하고 석탄 화력발전소를 영흥도에 또 짓겠다고 하는 천연덕스러움도 놀랍다. 하나우 역에서는 마중 나온 엄마가 딸을 얼싸안고 또 다른 엄마는 딸을 배웅하고 있었다. 프랑크푸르트가 가까워지고 봄은 더욱 완연한 모습을 펼치고 있었다.

도시의 명성名聲 관리*

널리 전해 오는 말에 '유방백세流芳百世, 유취만년遺臭萬年'이 있다. 꽃다운 아름다움은 후세에 길이 전하고 욕되고 더러움은 더욱 길게까지 진동하니 부디 살면서 제 이름을 잘 가꾸라는 잠언이다. 어찌 사람만 그러할까. 시장만능시대를 풍미하고 있는 경영학이나 커뮤니케이션 분야에서 따뜻한 화두 중 하나가 '명성관리reputation management'라는 개념이다. 기업 활동을 주된 연구영역으로 하는 경영학이 정부활동을 대상으로 하는 행정학과 전반적으로 통섭한 지는 오래 됐다. 명성관리라는 개념도 중앙정부, 지방(도시)정부를 물론하고 참고할 만하다.

우선 '명성'이란 개념이 낳을 수 있는 직관적 오해 몇 가지부터 정리할 필요가 있다. 첫째로 명성은 기업이건 도시건 간에 잘 경

* 《인천신문》 2010년 6월 24일자 게재. 당시 필자는 2014인천아시아경기대회를 준비하기 위해 설치한 아시아경기대회지원본부 경기지원과장으로 근무했다.

행정의 입장에서 보면
도시정부의 비전과 고객이 원하는 도시의 가치가
일치되어 가는 과정을 통해 도시의 명성은 쌓이게 될 것이다.
세계 굴지의 기업들이 그러하듯이
세계적으로 '존경받는 도시'라는 명성을 쌓기 위해서는
그에 합당한 사회적 책임이 요구된다.

영하기만 하면 그에 따라 당연히 주어지는 부산물로 치부해서는 안 된다. 명성이란 시나브로 형성되는 것이지만 그렇다고 저절로 구축되는 것도 아니기 때문에 좀 더 전략적으로 접근하지 않으면 안 된다.

둘째로 명성을 이미지나 브랜드라는 개념과 혼동하거나 동일시해서도 안 된다. 기업이 홍보를 통해 추구하려는 의미나 상징을 만들고 그것을 고객에게 이입하는 마케팅의 관점에서 주목하는 것은 주로 기업의 경영성과나 자신이 생산하는 재화와 서비스의 품질과 같은 경제적 이슈가 될 것이다. 이와 달리 명성이란 이미지나 브랜드 차원을 넘어서서 기업이 갖는 보다 본질적인 모습에 대한 총체적 평가에서 나오는 것이다. 그래서 이런 관점에서는 고객과의 커뮤니케이션이나 기업을 둘러싼 외부 환경에 대한 공헌과 책임 등 사회적 이슈에 주목한다.

이 분야에서 세계적으로 통용되는 「포춘Fortune」誌나 한국능률협회컨설팅의 '존경받는 기업' 조사방법들도 사회적 측면을 강조한다. 예컨대 기업에게는 인적·물적 자원관리, 제품과 서비스의 질, 재무건전성이나 리더십 같은 이른바 경영성과가 물론 중요하다. 하지만 어떻게 주주의 가치, 고객의 가치를 실현하고 사회적 책임을 수행하였는가가 보다 근본적인 명성을 만들고 이어가는 데 관건이라는 거다. 우수한 경영성과를 내는 것은 경쟁력의 필요조건이지만 그것만으로는 존경받는 기업이 될 수 없다는 것이다.

요컨대 명성이란 파생되어 나오는 결과이기도 하지만 좀 더 강조할 점은 적극적이고 지속적으로 관리되어야 하는 일종의 전략적 투자의 산물이라는 거다. 기업이 추구하는 의미가 고객과의 관계를 타고 흘러야 하고 그런 과정을 또한 계획하고 조정해 가는 활동이 곧 명성관리인 셈이다.

우리가 살아가는 도시都市들도 저마다의 명성이 있다. 명성이 이미지나 브랜드 차원을 넘어서서 본질의 문제라고 보면, 도시의 본질적 가치 혹은 그 도시의 정체성에 대해 고객 즉, 그 안에 살고 있는 시민들이나 혹은 그 도시에 이해관계를 가진 사람들이 무엇을 어떻게 공유하고 있는가가 도시의 명성관리에서 관건일 것이다. 행정의 입장에서 보면 도시정부의 비전과 고객이 원하는 도시의 가치가 일치되어 가는 과정을 통해 도시의 명성은 쌓이게 될 것이다.

세계 굴지의 기업들이 그러하듯이 세계적으로 '존경받는 도시'라는 명성을 쌓기 위해서는 그에 합당한 사회적 책임이 요구된다. 가까운 미래인 2014년에 아시안게임을 개최하는 인천으로서는 완벽한 대회준비와 운영의 성과가 절체절명의 과제로 다가온다. 이 과정에서 40억 아시아, 나아가 전 세계인의 신뢰와 존경이 수반되는 도시명성의 구축노력이 필요하다.

지난 3월 시 정부는 한 지역의료재단과 함께 아시아 자매도시에 대한 의료와 교육지원 사업을 해 나가기로 했다. 시는 이미 지난 2007년 아시안게임을 유치한 직후부터 아시아에서 경제수준이 열아하고 경기력이 떨어지는 나라들의 어린 유망주들이 인천에서 전지훈련을 하거나 우수한 지도자의 현지 지도를 받도록 해주는 '비전2014' 프로그램을 운영하고 있다. 몽골의 사막화 방지를 위해 벌이고 있는 '인천 희망의 숲' 사업이나 아시아 이주민 축제, 그 밖에 다양한 영역에서 비슷한 맥락의 노력들이 추진되고 있다.

이것이 다름 아닌 국제적 차원에서 사회책임을 다하려는 도시정부의 소중한 명성자산이고, 이를 체계적으로 조직하고 지원하는 것이 다름 아닌 명성관리 활동인 셈이다.

정책 리터러시, 정책 이해력*

'정책에 대한 이해와 판단력' 쯤으로 풀이될 법한 정책 리터러시 policy literacy라는 개념은 살짝 낯설다. 리터러시의 사전적 의미는 '읽고 쓸 줄 아는 능력'을 말한다. 그렇다면 정책 리터러시에 대한 문제제기는 우리 사회의 어떤 요구에서 비롯되는 것일까.

급격한 산업화와 압축적 경제성장을 경험한 우리 사회가 80년대 후반 제도적 민주화를 성취한 이후 그동안 잠재되고 농축되어 왔던 수많은 대중적 이해와 요구들이 다양한 사회갈등의 양상으로 표출되어 왔다. 이들 갈등에 주된 유발자이자 해결자로서 정부와 정치적 요인이 강조되거나 선호되고 있다. 한미 FTA와 수입 쇠고기, 세종시와 4대강 등을 굳이 꼽지 않더라도 정책갈등을 어떻게 관리조정하고 해결하는가에 따라 그것이 초래하

* 《인천일보》 2010년 9월 2일자 게재. 필자는 2010년 7월부터 2012년 8월까지 인천경제자유구역청에서 기획정책과장으로 근무했다.

는 정책 성과와 정책 비용은 엄청난 차이를 보이게 된다.

정책갈등의 합리적 해결을 위한 금과옥조이자 해법으로써 강조되는 것이 '소통'이다. 그러나 지금까지 소통에 대한 이해는 소통에 임하는 태도나 과정에 대한 강조 등 그 방법과 형식론에 경도된 측면이 있다. 소통이 양방향의 관계를 기초로 한다면, 그 관계를 타고 흐르는 것 즉, 소통의 내용에 대한 천착이 필요한데 그것이 바로 정책 리터러시라고 할 수 있다. 정책 리터러시란 정책의 소비자 혹은 개개 시민들이 어떠한 정책에 대해 적절한 판단과 의사결정을 하는데 필요한 정보와 서비스를 얻고 이해하는 능력이라고 정의할 수 있다.

그러므로 정책 리터러시는 한편으로는 정책 생산자의 정보제공과 다른 한편으로 정책 소비자의 정보접근성을 본질적 개념요소로 한다. 오늘날 우리가 일상에서 마주하게 되는 경제현상이나 보건의료의 내용은 워낙 복잡하고 전문적인 측면이 많아서 도무지 이해하기 어렵다. 가종 정책도 마찬가지여서 그 정책의 내포와 외연, 맥락과 영향을 제대로 이해하고 판단하기란 쉽지 않다. 그래서 정책 소비자들에게 제공되는 정보의 양은 최소한이 아니라 최대한이 돼야 하고 정보의 질은 주변적인 것이 아니라 결정적인 것이어야 한다. 이것은 정보 접근에서 약자일 수밖

'짠물' 인천이라는 오랜 도시 이미지는
지나온 역사적 사실과는 사뭇 다른 것이어서,
인천처럼 너그럽게 보듬어 안고 키워 둥지를 떠나보내는
어머니의 품 같은 도시는 다른 어디에도 없는 것이다.

에 없는 정책 소비자들의 의사결정권을 대등하게 높이는 사회적 정의와 평등의 문제이기도 하다.

정책 리터러시를 얘기할 때 빠뜨리지 말아야 할 대목은 정책에 대한 이해와 판단력을 높이기 위한 상호작용과 교육체계의 중요성이다. 정책정보는 정책 생산자의 선제적인 상호작용을 통해 제공되어야 하는 것이 원칙이며, 적극적인 교육을 통해서 정책에 대한 이해의 폭과 깊이를 심화해야 한다. 아울러 중요한 정책에 대해서 리터러시의 현주소를 제대로 짚어 내고 도달해야할 목표수준은 어느 정도로 할 것인가에 대한 고민도 정책 생산자의 몫이다.

정책 리터러시는 정책 생산자의 일방적인 정책 홍보가 아니라 깊어진 이해를 바탕으로 정책 소비자가 분명한 의사결정력을 갖도록 하는 것이다. 정책 소비자에게 물고기 자체가 아니라 그것을 낚는 법을 알려 주는 것이다. 그래서 때로는 부메랑이 되어 되돌아 올 수도 있는 칼을 쥐어 주는 것이기도 하다.

정책 리터러시는 소통의 요체일 수 있지만 그렇다고 전부는 아니다. 따라서 정책 갈등 나아가 사회적 갈등 관리의 중요한 처방일 수 있지만 만병통치약은 아니다. 다만, 정책 갈등의 현장에서 그리고 상호작용의 과정에서 '주장의 과잉, 토대(논거)의 빈곤'으로 야기되는 불필요한 정책비용과 미흡한 정책 성과라는 부작용을 극복하고 한 차원 높은 담론을 도출하는데 기여하는 것만은 분명하다.

아마도 필자가 처음 주창하지 싶은 '정책 리터러시'는 개념적 수준에 그친다고 할지도 모르겠다. 앞으로 이에 대한 본격적인 연구와 현장에서의 적용을 기대해 본다.

중국 '란써 경제특구'를 주목한다*

2011년 1월 초, 중국은 산둥반도에 '란써藍色 경제구'를 신설했다. 선전深圳, 푸둥浦東, 톈진天津 등 중앙정부와 지방차원에서 추진된 총 150여 개의 경제특구를 기반으로 일약 세계경제의 쌍두마차로 부상한 중국에게 이번 일은 그다지 새롭지 않을 수도 있지만 그 안에서 한걸음씩 진화하는 국가발전전략의 단서를 읽어 내는 것은 전적으로 우리의 몫이다.

1980년 이래 제조업 중심의 대형 경제특구를 통해 '세계의 공장'이 된 중국은 21세기 들어 바이오와 대체에너지, 금융 등 첨단지식기반서비스업으로 영역을 확장하면서 지속가능한 경쟁력을 추구해왔다. 몇 년 전부터는 톈진 빈하이濱海신구를 환環발해권의 중심지로 육성하겠다고 거듭 밝혀 왔다. 여기서 한 발 더 나아간 것이 란써 프로젝트다.

* 《중앙일보》 2011년 9월 2일자 게재.

산둥반도의 절반을 차지하는 란써 특구는 칭다오靑島와 옌타이烟台를 포함해 그 면적이 6만 4,000㎢에 달한다. 영남과 제주를 뺀 우리나라 전체면적과 맞먹을 뿐 아니라 선전(396㎢), 푸둥(533㎢), 빈하이(2270㎢)를 압도한다. 산둥반도는 발해만과 황해에 인접해 있고 동쪽으로 한반도 및 일본과 마주하고 있다. 이 거대한 해양경제의 요지를 한중일 경제협력시범지구로 조성한다고 중국정부는 천명하고 있나. 이 프로젝트에서 미구未久에 도래할 동아시아 경제블록 구도를 선점하려는 야심찬 국가전략의 일단을 감지한다면 필자의 과민반응일까.

글로벌 금융위기 이후 세계 각국은 미주, 유럽, 아세안 등 권역별 경제블록화를 강화하면서 한편으로는 자국 내 경제특구에 더욱 힘을 집중하고 있다. 21세기 세계경제의 중심축인 아시아, 특히 한·중·일의 협력과 경쟁의 구도에서 새로운 세계경제의 동력이 창출되리라는 전망은 보편성을 획득하고 있다. 현재도 진행형인 3국간 정치적 구원舊怨 탓에 유독 이 동네 경제공동체의 실현이 더딤에도 불구하고 떼려야 뗄 수 없는 연결고리를 바탕으로 진행되는 3국간의 경제적 연대와 통합의 흐름은 최근 부쩍 빨라지고 있다.

자리를 제법 잡은 3국 정상간 셔틀외교를 바탕으로 '3국협력사무국'이 문을 열었다. 한국정부가 '아시아비전위원회'를 제안했다. 3국간 자유무역협정FTA 추진논의가 본격화되고 이를 통한 아시아경제공동체 구축에 대한 기대감이 확산되고 있다. 당국 간의 이런 분위기에 박차를 가하듯 3국 민간경제단체들은 최근 '한중일경제통상포럼'을 발족했다. 선택이 아닌 필연이 될 동아시아 경제공동체를 주도할 전략적 기지로 란써 특구가 어른거리는 건 필자의 착시일까. 더욱 조바심을 내게 하는 건 우리의 현실이다. 경제공동체는 제휴를 통해 제 몸집을 키우는 협력의 장場인 동시에 우위를 선점하기 위한 경쟁과 각축의 장이다. 이슈와 어젠다의 선점도 중요하지만 더 실질적인 것은 경쟁력 있는 보루堡壘의 확보다. 불행히도 우리에겐 아직까지 이것이 없다. 동북아 비즈니스 중심국가라는 비전과 미래성장동력 창출을 위한 제도적 천착은 있었다. 이를 위해 탄생한 우리의 경제자유구역은 정치적 질곡에서 한참 자유롭지 못하다. 공자孔子가 역설한 불환과이불균不患寡而不均(부족함을 걱정하지 말고 고르지 못함을 걱정하라는 뜻)은 정치를 두고 한 말이다. 인천을 필두로 산발적으로 지정된 6개 경제자유구역이 지역거점으로 산재한 현실에서 4곳이 추가지정 신청을 낸 상태다. 지역별 나눠먹기라는 비판에 직면한 정부가 더 이상은 곤란하다고 정색하고 있지만 때마침 후

글로벌 금융위기 이후
세계 각국은 미주, 유럽, 아세안 등
권역별 경제블록화를 강화하면서
한편으로는 자국 내 경제특구에 더욱 힘을 집중하고 있다.
21세기 세계경제의 중심축인 아시아,
특히 한 · 중 · 일의 협력과 경쟁의 구도에서
새로운 세계경제의 동력이 창출되리라는 전망은
보편성을 획득하고 있다.

끈 달아오를 선거정국에서 마냥 버티기도 어려워 보인다.

홍콩이나 싱가포르처럼 땅덩어리 전부를 일률적으로 개발하기 어렵다면 선택과 집중은 불가피하다. 전략적 차별화를 이론적 전제로 하는 경제특구가 지금처럼 지역균배의 이름으로 덧칠되어서는 도저히 세계적 경쟁력을 갖춘 보루가 될 수 없다. 중국은 사회주의 정체政體이되 적어도 경제특구에 대해서는 선택적 의미를 부여하고 집중적으로 할당하는 이른바 맞춤형 전략을 추구해 왔다. 반대로 우리는 정치적 균배에 더해 획일적 제도를 모두에게 적용해 왔다. 이래서는 가까운 미래에 함께 경제공동체를 구성할 중국의 어느 특구와도 경쟁이 어렵다.

우리의 첫째 과제는 최소한의 규모 경쟁력을 갖는 전략거점의 육성이다. 2020년까지의 국토종합계획이 밝히듯이 동아시아경제 선도를 위한 우리의 보루는 수도권일 수밖에 없다. 그러나 현재 수도권에는 2003년 최초 지정된 인천경제자유구역이 그나마 명색을 갖추고 있을 뿐이다. 2008년 지정되었으나 개발사업의 표류로 벼랑 끝에 몰려 있는 황해경제자유구역이 경기도(평택, 화성)와 충남(아산, 당진, 서산)에 걸쳐 있다. 지난해 경기도는 안산, 시흥, 화성일대를 포함하는 경기만경제자유구역의 지정을 신청했다.

그러나 인천과 황해, 경기만 등 3곳 경제자유구역을 모두 합해도 그 규모는 란써는 커녕 푸둥이나 선전에도 한참 못 미친다. 3곳 모두 수도권을 공통의 배후시장으로 하면서 저마다 일정수준의 대對중국 물류인프라를 갖추고 있다는 점에서도 각자도생各自圖生은 중복의 비효율을 내포하고 있다. 현재와 같은 병렬적 구조 속에 이들 3곳을 방치하는 건 고만고만한 지역거점들의 제살 깎아먹기를 조장하는 것에 다름 아니다. 급부상하는 중국을 상대할 서해안 개발의 전략거점임을 앞다퉈 자임하는 이들 3곳을 연결하면 그대로 벨트가 된다. 최소한의 규모의 경쟁력을 바탕으로 하나의 비전 아래 차별화된 전략들을 통해 시너지를 창조할 수 있는 통합을 모색해야 한다.

두 번째로 그 이름을 무엇으로 하든, 수도권 서해연안을 하나의 경제특구로 묶는 것은 국가차원의 거버넌스governance를 전제로 해야 한다. 그래야 기본적으로 해당 지자체간 혹은 정부부처간의 이해와 이견을 체계적으로 조정 관리할 수 있다. 더 중요하게는 수도권 서해연안에 형성되는 통합특구와 나머지 특구의 거버넌스 체계를 달리해야 한다. 현재 산재한 경제자유구역은 해당 권역거점으로 충분히 기능할 필요가 있다. 반면, 다가올 한중일 3국간 경제공동체를 주도할 전략거점은 철저히 국가차원에서 접근되고 육성되어야 한다. 이와 같이 우리의 경제자유구역은 이제 소위 투 트랙two track방식으로 진화해야 한다.

란써 특구가 있는 산둥반도는 잔뜩 먹잇감을 노려보는 맹금의 부리를 닮았다. 황해를 사이에 두고 그 맞은편에 호랑이가 됐든 토끼가 됐든 한반도의 복부가 있다. 날카로운 부리에 당할 것인가 부리를 삼키는 블랙홀이 될 것인가. 동아시아경제의 협력과 경쟁은 가속도가 붙고 란써藍色 특구는 중국의 블루오션blue ocean을 꿈꾸고 있다. 황해yellow sea를 품은 우리의 경제자유구역이 누런 황금알을 낳는 거위gold coast가 되도록 서두를 일이다.

글로벌 집단지성과 녹색기후기금GCF[*]

집단지성Collective Intelligence이란, 집단을 구성하는 개체들의 협력과 경쟁을 통해 발휘되는 지적 능력을 말한다. 이것이 유의미한 것은 집단지성이 개체의 평균적 지적 능력을 넘어설 뿐만 아니라 그 구성원 중 가장 우수한 개체보다 지능적일 수 있고, 궁극적으로는 집단의 운명을 발전적으로 이끈다는데 있다. 개체로서는 미미한 존재인 개미들이 만들어내는 거대한 개미집이나, 공유를 통해 지속적인 지식정보의 생산과 진보를 보여주는 위키피디아Wikipedia는 집단지성의 대표적 사례로 꼽힌다. 지금은 사색의 계절, 가을이 정점으로 치닫는 때기도 하거니와 새삼 집단지성의 발현을 간절히 기대하는 이유는 '녹색기후기금GCF: Green Climate Fund' 때문이다.

* 《인천일보》 2012년 10월 15일자 게재. 당시 필자는 인천광역시 환경정책과장으로서 녹색기후기금 유치업무를 담당하였다. 이 글은 녹색기후기금의 우리나라 송도 유치 준비활동 막바지 시점에서 쓴 글이다.

1970년대 말 일단의 과학자들이 지구온난화를 본격적으로 경고한 이후 80년대를 거치면서 정부 간 협력의 모색이 거듭됐다. 그 결실로 지구의 온난화를 규제 · 방지하기 위한 국제협약으로서 '기후변화협약United Nations Framework Convention on Climate Change'이 정식으로 체결된 게 1992년 브라질 리우에서다. 날로 가속화 하는 기후변화가 인류의 생존에 치명적 위기가 되고 있고, 화석연료를 대우며 산업혁명과 대량생산을 통해 지금 풍요의 과실을 누리고 있는 선진국들에게 그 원천적 책임이 있다는 집단지성이 비록 느리지만 꾸준히 진전해 온 것이다. 그리고 이제 수많은 개도국들이 빈곤탈출을 위해 똑같은 방식으로 온실가스를 배출해서는 안 된다는 인식도 함께 말이다. 문제는 개도국들이 지속가능한 개발방식을 통해 빈곤에서 벗어날 수 있도록 하는데 필요한 기술과 자금을 누가 얼마나 부담할 것인가에 대한 합의와 실천이었다. 지난 2010년 말, 기후변화협약 당사국들이 개도국의 기후변화 대응과 적응을 지원하기 위해 녹색기후기금을 설립하고 선진국의 재원으로 우선 2020년까지 1천억 달러의 기금을 조성하기로 합의한 것 또한 집단지성의 성취다.

그 녹색기후기금의 본부가 될 사무국을 어디다 둘 것인가를 오는 17일부터 우리 인천 송도에서 열리는 GCF 제2차 이사회가 결정한다. 사무국 유치를 위해 송도는 독일의 본, 스위스의 제네바와 결코 쉽지 않은 경쟁을 하고 있다. 대한민국은 '온실가스 저低배출과 기후회복력 있는 개발경로로의 이행'이라는 녹색기후기금의 비전을 구현할 최적의 국가이며 그 사무국의 비즈니스와 정주환경을 위한 최고의 입지가 송도다. 그 이유들은 이렇다.

첫째, 우리나라는 그간 국가정책Policy에서 가장 적극적인 노력과 성취를 보였다. '저탄소 녹색성장'의 국가비전을 선포하고 국가 온실가스 감축목표를 설정하여 GCF의 가치를 선도해 왔다. 국제적으로도 '글로벌녹색성장연구소GGGI' 설립을 주도하여 녹색성장의 지식과 경험을 공유하는 노력을 기울여 왔다.

둘째, 우리나라는 개도국과 선진국 간 협력의 가교Bridge로서 최적의 지위에 있다. 가난한 개도국 출신으로 G20 등 국제사회 이슈에 성공적으로 참여하고 중재한 경험을 통해 개도국의 자발적 협조를 성공적으로 이끌어 낼 것이다. 국제기구의 유럽편중을 완화하고 선진국들의 입김으로부터 충분히 독립성이 보장되어야 한다는 다수 회원국들의 이해와 요구를 비유럽 한국이 잘 담보할 것이다.

셋째, GCF 사무국이 성공적으로 비즈니스Business를 펼치는데 인천 송도가 굴지의 입지여건을 갖기 때문이다. 명실상부한 아

대한민국은 '온실가스 저低배출과
기후회복력 있는 개발경로로의 이행'이라는
녹색기후기금의 비전을 구현할 최적의 국가이며
그 사무국의 비즈니스와 정주환경을 위한 최고의 입지가 송도다.

시아의 허브 인천국제공항에서 20분, 세계 160여 나라 외교대표부가 있는 서울에서 1시간 안에 연결되는 송도 아이타워I-Tower에서 첨단정보통신기술과 친환경시설을 기반으로 최고의 업무효율을 낼 것이다.

넷째, 송도는 사무국 직원과 가족들에게 최상의 정주환경Life을 제공한다. 저렴하면서도 질 높고 안전한 주거가 보장되는 한편, 국제학교와 잘 조성된 공원에서 자녀들을 키울 수 있기 때문이다.

이렇게 집단지성의 합리적 눈으로만 보자면 GCF는 대한민국 송도에 그 역사적인 둥지를 트는 게 지극히 당연하다. 문제는 역사적으로, 특히 국제관계에서 집단지성이 종국적으로 왜곡된 사례가 적지 않다는 점이다. 개인들 못지않게 다양한 이해관계를 갖는 국가들이 스스로의 그것에만 충실히 대응한 결과가 결국에는 모두에게 차악次惡의 상황을 초래하는 '죄수의 딜레마'와 같은 일이 벌어질 수 있다는 것이다. 이는 물실호기勿失好機를 맞은 우리의 행동계획에 좋은 시사점을 준다.

우선, 어렵게 설립에까지 이른 녹색기후기금이 그 소중한 가치와 원대한 비전을 실현하기 위한 또 하나의 발걸음에서 송도를 선택하는 것이 집단지성의 빛나는 성취임을 몸소 웅변하는 일이다. 국가와 지방정부의 인적 물적 역량을 훌륭히 선보이도록 만반의 준비를 할 일이다. 또 하나, 송도에서 투표권을 행사할 각국의 대표들은 일차적으로 자국의 이해관계에 따라 투표권을 행사할 것이다. 그러나 여기에도 재량의 여지는 있게 마련이고 대체로 그 부분은 인류의 보편적 감성으로 이루어져 있다. 그들의 감성을 온통 사로잡아 버리는 작은 노력들, 송도에서 그날을 맞는 우리가 가진 덤이다.

녹색기후기금GCF 유치 성공의 교훈*

지난 10월 20일 오전, 송도 컨벤시아Convensia를 지배했던 두 시간여 긴장의 침묵이 마침내 역사적 환호로 바뀌었다. 다시 경험하기 어려울 감격의 순간에, GCF라는 원대한 비전의 수많은 퍼즐 조각 중 하나일 수 있었다는 사실만으로도 감사한다. 백조의 물밑 발길질처럼 눈에 띄지 않게 인고의 노력을 다한 한 사람 한 사람의 보이지 않은 땀도 기억되어야 마땅하다.

거듭 생각건대, GCF 유치성공에는 몇 마디 말로 대신할 수 없는 도저到底한 섭리가 존재하고 있음을 무겁게 느낀다. 우리는 유치활동 기간 내내 다음의 네 가지를 GCF 송도유치의 필연적 당위로 강조해 왔다. 이 네 가지 어느 하나도 하루아침에 된 것은 없다.

* 《경인일보》 2012년 11월 5일 게재. 이 글은 녹색기후기금을 유치한 이후에 기고한 것이다.

먼저, 우리는 대한민국이 기후변화라는 전 지구적 이슈에 개도국과 선진국의 훌륭한 가교Bridge가 될 것이라고 각국 대표들을 설득했다. 전쟁의 폐허를 딛고 지구상에서 가장 가난했던 나라에서 선진국으로 꿈같은 도약을 이룩한 지난 50여 년의 고된 역정이 없었다면 불가능했다. 둘째, 우리는 기후변화를 포함한 녹색성장 정책Policy을 선도적으로 추진해 왔음을 단언했다. '저탄소 녹색성장'을 국가비전으로 선포하고 안으로는 온실가스에 대한 국가적 감축목표를 자발적으로 설정했고, 밖으로는 글로벌녹색성장연구소GGGI 설립을 주도해 왔다. 이 역시 최소한 지난 5년간의 일관된 노력 없이는 불가능했다.

셋째, 인천 송도는 최고의 녹지비율을 자랑하며 대부분 친환경 인증을 받은 건물들로 이루어졌다. 저렴하면서도 질 높고 안전한 주거가 보장되며 국제학교와 잘 조성된 공원에서 자녀들을 키울 수 있기 때문이다. 이미 입지해 있는 UN기구 대표들을 통해 가족들이 주거의 교육, 여가 등 정주환경Life이 잘 갖춰진 도시임을 강조했다. 아직도 현재진행형인 송도지만 적어도 지난 10년 동안 오롯이 견지된 전략과 비전 없이 우리는 그렇게 말하지 못했을 것이다. 넷째, 우리가 환경강국 독일과 국제기구 수도로 불리는 스위스의 벽을 넘을 수 있었던 것은 아이타워가 큰 몫

'준비되어 있다be ready'고 우리가 흔히 말할 때,

그 수사修辭가 아닌 실질實質에 주목해 보자.

준비는 말하기는 쉬워도 하루아침에 이루어지지 않는다.

다가올 미래에 대한 비전과 통찰,

끗끗한 인내와 간단없는 추진력 없이는 어려운 것이다.

을 했다. GCF가 둥지를 틀 아이타워는 아시아의 허브 인천국제공항에서 20분, 세계 160여 나라 외교대표부가 있는 서울에서 1시간 안에 연결되는 최첨단 업무시설Business이다. 준공을 눈앞에 둔 아이타워의 지난 3년 역시 많은 우려를 딛고 묵묵히 견디어온 시간이다.

준비된 자에게 기회가 주어지는 게 맞지 싶다. 그러니 '준비되어 있다be ready'고 우리가 흔히 말할 때, 그 수사修辭가 아닌 실질實質에 주목해 보자. 준비는 말하기는 쉬워도 하루아침에 이루어지지 않는다. 다가올 미래에 대한 비전과 통찰, 꿋꿋한 인내와 간단없는 추진력 없이는 어려운 것이다. 준비에 실패하는 것은 곧 실패를 준비하는 것이다. 오늘 하루하루가 내일을 위한 준비라는 것을 이번 GCF 유치 성공의 쾌거가 조용히 웅변하고 있다. 이것은 무엇보다도 저마다의 내일을 준비하는 모든 이에게 특히 필요한 값진 교훈일 것이다.

GCF 후속대책의 얼개*

2012년 10월 20일, 인천 송도가 녹색기후기금GCF의 사실상 본부인 사무국이 들어설 도시로 선정됐다. 한 달이 채 지나지 않았지만 워낙에 큰 기대 탓에 그 후속대책에 대한 갈증도 그만큼 큰 것 같다. 미리 한 자락 깔고 시작해야 할 부분이 있는데, 그것은 바로 단기적 기대수준을 현실화하고 기대실현의 시간표를 좀 더 늘려 잡는 것이다.

GCF가 갖는 남다른 가치는 바로 지금 내 손에 쥐어지는 눈앞의 이익이 아니라, 기후변화라는 인류공동의 도전에 대해 세계의 집단지성이 현명하게 대처해 나가는 역량과 협력의 성취에 비례해서 지속적으로 발전해 갈 실체라는 점 때문이다. 우리가 한 땀 한 땀 치밀하게 후속대책을 짜는 동시에 좀 더 긴 호흡이 필요한 이유다.

* 《인천일보》 2012년 11월 16일자 게재.

정부는 현재 각 부처별로 후속대책 마련에 분주하다. 환경부와 지식경제부, 금융위원회 등은 각각 온실가스 감축과 적응정책, 녹색기술 산업정책, 녹색금융 정책을 준비하고 있다. 기획재정부는 GCF 사무국과 유치국가협정을 조율하는 한편, 관련 국내법체계 정비작업도 서두르고 있다. 또 정부가 약속한 개도국 지원프로그램을 어떻게 운용할 지도 중요한 부분이다. GCF는 내년 3월 베를린에서 열리는 제3차 이사회를 계기로 한 단계 더 가시적인 모습을 보여줄 것으로 기대된다.

우리 시도 다각적인 후속대책을 모색하고 있다. 세상에 완벽한 인간이 없듯이 계속해서 다듬어지고 발전돼야 할 후속대책임을 전제로, 그 대체적인 윤곽을 다음과 같은 네 가지 영역으로 그려볼 수 있겠다.

첫째, GCF를 계기로 이른바 '국제기구도시'화 목표와 전략으로 인천의 새롭고 강력한 성장 동력을 만들어야 한다. GCF는 사실상 아시아에 본부를 두게 되는 메이저급 국제기구로서는 최초가 된다. 주지하다시피 21세기는 우월한 경쟁력을 갖춘 주요 도시들이 세계무대의 중심에서 주도적으로 질서와 방향을 형성하는 이른바 '도시의 세기'다. 뉴욕과 워싱턴, 제네바와 브뤼셀, 파리는 대형 국제기구들이 집적된 도시들이다. 국제기구들의 비즈니스와 직원들의 정주가 만들어내는 국제회의와 문화관광, 교육과 의료, 금융과 컨설팅 등 전후방 산업연관효과가 그 도시의 부와 성장에 큰 역할을 하고 있다는 공통점을 갖는다. 송도를 중심으로 한 인천이 그런 기회를 갖게 됐다. GCF와 긴밀한 파트너십을 갖게 될 다른 국제기구들이 적지 않다는 점과 이미 송도에 입주한 UN기구들의 존재감이 인천에 대한 선택과 집중의 논리를 한층 강화할 것이다.

국제기구도시화는 다시 두 분야로 나눠 추진되어야 한다. 하나는 내년부터 시작될 GCF 사무국의 입주와 조기 정착을 구체적으로 맞춤하게 지원하는 일이다. 사무국 직원들이 송도에 도착하자마자 당장 필요한 사무환경을 갖추어 주고, 이삿짐을 풀고 편안하게 식사를 하고 자동차를 이용할 수 있고 필요한 물건을 살 수 있게 해 주어야 할 것이다.

또 하나는 좀 더 긴 안목으로 국제기구들의 집적을 위한 유무형의 인프라를 구축하는 분야가 될 것이다. 특별법의 제정과 폭넓은 특례제도의 도입, 문화관광 인프라의 확충, 언어능력을 갖춘 국제기구 전문 인력의 양성, 금융 컨설팅 같은 지식서비스산업의 유치, 글로벌 스탠더드를 충족하는 공공서비스체계와 도시개발·관리계획이 갖춰줘야 한다.

요컨대 GCF 후속대책은 국제기구라는 틀과
녹색기후라는 내용적 계기 두 가지 모두를
여하히 체화, 발전시킬 것인가를 담는 것이어야 한다.

둘째, GCF 후속대책은 친환경적으로 성장하는 이른바 '글로벌 녹색도시'화로 접근되어야 할 것이다. 기후변화라는 지구적 의제에 대한 국제적 담론과 노력들의 메카가 인천이 됐다. 그간 인천이라는 도시가 '한강의 기적'이라 불리는 우리나라 압축성장의 중추, 경인공업지대의 핵심 굴뚝도시였다는 점에서 일대 반전이다. 이미 도시화가 완전히 진행된 인천이 자연으로 돌아갈 수는 없다. 오히려 도시의 제조업은 여전히 성장기반으로 유효하다. 산업단지와 공장들, 화력발전소들이 산재한 도시가 고도화와 재편을 통해 여하히 온실가스 감축의 선진도시로 변모해 가는가가 바로 녹색기후기금의 비전이 담긴 교과서가 될 수 있다. 인천의 불가피하고도 유일하며 지극히 바람직한 발전방향이다.

'글로벌 녹색도시' 전략은 다시 두 분야로 나눠 추진해야 한다. 하나는 저탄소 녹색성장을 위한 도시 인프라를 시정市政 전반에서 구축하는 과제다. 무엇보다도 에너지공급계획이 재점검되고 신재생에너지 기반으로 재편되어야 한다. 기존 제조업 부문에 녹색기술이 접목된 고도화를 추진하면서 농수축산을 포함한 미래 녹색산업정책이 마련되어야 한다. 이런 것들은 기왕에 인천이 추진하던 경제수도의 내용적 가이드라인이 될 것이다. 여기에다 건설과 건축, 교통과 물류부문에 대한 친환경 지침이 수립

되고 도시계획이 이를 뒷받침해야 한다.

또 하나는 글로벌 녹색수도로서 기후변화 담론을 형성하고 주도할 지적知的, 공동체적 능력배양이다. 기후변화 관련 의제를 다루는 국제회의와 녹색성장 전략을 개발할 두뇌집단을 유치하고 집적하는 활동이 필요하다. 지역공동체의 지식공유 네트워크를 강화하고 시민들의 녹색인식도Green Literacy를 높이는 실천들을 조직해야 할 것이다.

요컨대 GCF 후속대책은 국제기구라는 틀과 녹색기후라는 내용적 계기 두 가지 모두를 여하히 체화, 발전시킬 것인가를 담는 것이어야 한다. 전자는 단기·협의적으로 GCF 사무국의 조기 정착지원이 될 것이고 그 경험과 학습을 통해 중장기·광의적으로는 세계적 수준의 국제기구도시로 나아가는 것이다. 후자에서는 우선 기왕의 산업화 기반을 탈피해서 녹색산업기술을 바탕으로 도시의 체질을 바꾸는 작업과 지적, 공동체적 실천을 통해 도시의 정신과 철학을 바꾸는 노력들이 될 것이다. 궁극적으로 GCF 유치는 도시 전반의 혁신을 통해 인천의 경쟁력을 높이고 시민들이 더 높은 삶의 질을 누릴 수 있게 하는 커다란 계기가 되어야 한다.

민주주의 영역으로 들어 온 기후변화*

지식경제부의 '제6차 전력수급기본계획' 공청회가 지난번에는 강한 반대로 무산되더니 이번엔 원천 봉쇄된 반대 속에서 강행됐다. 앞길이 순탄치 않을 거라는 예고다. 계획에 들어 있는 문제가 적지 않다. 발전노조 같은 노동계는 사실상 전력사업 민영화의 수순이자 재벌기업에 대한 특혜라고 비판한다. 이번 계획에 따라 화력발전사업권을 얻게 되는 기업 중 기존 한전의 발전자회사는 4곳이고 삼성과 SK, GS 등 민간 대기업은 8곳이다. 발전용량으로는 총 신규설비 소요량 1,580만kw 중 1,176만kw 그러니까 약 75%를 민간 기업이 갖는 셈이다.

또 하나 중요한 대목은 인천 영흥도에 석탄을 때는 87만kw용 발전소 2기를 추가로 짓겠다는 거다. '인천'과 '석탄'이 갖는 함의가 지방정부와 시민사회 전체에 자못 심각한 대응과제를 제공

* 《경인일보》 2013년 2월 19일자 게재.

2009년에 우리나라는 오는 2020년까지
국가 온실가스 배출 전망치의 30%를 줄이겠다고
국제사회에 자발적으로 약속했다.
작년에 '녹색성장'의 전도사를 자임하면서
녹색기후기금GCF 본부를 유치했다.
그러자면 우리나라 온실가스의 85% 가량이 배출되는
에너지부문이 변하지 않으면 안 된다.
이번 전력수급기본계획의 상위계획인
국가에너지기본계획은 석탄사용을 2006년 24.3%에서
2030년 15.7%까지 줄인다고 했다.

하고 있기 때문이다. 1990년 이후 우리나라의 온실가스배출 증가율은 OECD 국가들 중 가장 빠르다. 인천의 온실가스배출 증가율은 그런 국가 평균치보다 4.5배나 높다. 왜 그럴까. 이산화탄소로 대표되는 온실 가스는 에너지부문에서 90% 이상 발생하고 그 상당부분이 화력발전소에서 나온다. 인천에는 현재 1만 1,789mw의 시설용량을 갖는 크고 작은 70개의 화력발전기가 있

다. 4기의 영흥화력이 가히 독보적이어서 시설용량은 28%, 발전량은 39%를 차지하고, 대기오염물질인 질소산화물은 38%, 황산화물은 78%를 배출한다. 인천의 온실가스 배출량 중 영흥화력이 차지하는 비율은 약 45%다. 이렇게 생산된 전기의 63%가 서울과 경기도로 보내진다.

영흥화력은 인천에서 유일하게 석탄을 땐다. 석탄을 때면 청정연료(LNG)를 쓸 때보다 50%이상의 온실가스가 더 나온다. 여기서 그치지 않는 게 문제다. 영흥화력 5·6호기로 불리는 87만kw 규모의 석탄화력 2기가 내년에 준공된다. 그 증설을 두고 많은 갈등이 있었다. 대기환경보전법 제42조는 인천을 포함한 수도권지역 화력발전에 청정연료만 사용하도록 하고 있기 때문이

다. 논란 끝에 향후 추가로 발전소를 증설하게 될 경우에는 청정연료(LNG)가 아니면 안 된다는 조건하에 환경부가 예외적 승인을 하고 말았다. 그랬는데 이번 계획에 각각 87만kw의 전력을 생산하는 이른바 영흥 7·8호기 2기를 더 짓고 석탄을 때겠다는 내용이 버젓이 포함됐다. 분석에 따르면 현재 인천지역 온실가스 배출의 45%를 차지하는 영흥화력에서 5·6호기가 가동되면 그 비율이 55%를 넘어서고 계획대로 7·8호기마저 석탄으로 가동되면 62%를 넘게 돼서, 영흥도는 가히 온실가스의 '산실産室'이 될 것이다.

2009년에 우리나라는 오는 2020년까지 국가 온실가스 배출 전망치의 30%를 줄이겠다고 국제사회에 자발적으로 약속했다. 작년에 '녹색성장'의 전도사를 자임하면서 녹색기후기금GCF 본부를 유치했다. 그러자면 우리나라 온실가스의 85% 가량이 배출되는 에너지부문이 변하지 않으면 안 된다. 이번 전력수급기본계획이 상위계획인 국가에너지기본계획은 석탄사용을 2006년 24.3%에서 2030년 15.7%까지 줄인다고 했다. 어쩌자는 것인가. 더 고통스러운 점은 너무 쉽게 폐기된 '약속'과 전혀 확보되지 않은 지방의 '의사결정권'이다.

녹일에서는 지방정부가 전력과 난방 등 지역에너지 계획을 수립하고 필요한 에너지의 종류를 선택한다고 한다. 이 계획은 시민들이 참여하는 민관공동체제가 결정하고 그 구속력이 법으로 보장된다고 한다. 서로 처한 사정이 달라도 너무 다른 먼 나라 얘기일 뿐일까. 그런데 말이다. 지방자치가 민주주의의 꽃이며 민주주의는 절차적 정당성을 전제한다고 볼 때 적어도 이번 전력수급계획으로 표현되는 우리의 에너지정책은 매우 퇴행적인 얼굴을 하고 있는 것이 분명하다. 백번 양보해도 최소한 '약속'에 대해 사전적이고 진정성 있는 협의과정이 있었어야 맞지 않을까.

벌써부터 인천에는 '반대해야 별 수 있나'라는 비감悲感의 기운을 퍼뜨리는 유령이 여기저기 모습을 드러낸다. GCF 본부가 올해 안에 인천 송도 아이타워에 들어선다. 아이타워 전망대에서 남쪽으로 가까운 바다 저편에 하얀 연기를 뿜어내는 영흥화력발전소의 우뚝 선 굴뚝들이 선명히 보인다. 참 공교롭다.

경기침체 속 지방재정 달리 보기*

몇몇 지표의 호전에도 불구하고 미국과 유럽을 위시한 글로벌 경기침체가 추세적으로 반전할 기미는 없다. 발단이 됐던 재정 부실이 그만큼 심각하다는 반증이다. 그런데 많은 부채가 성장을 가로 막고 있는 것인지 아니면 낮은 성장률이 부채를 키우는 것인지, '부채와 성장의 관계'에 대해 최근 진행되고 있는 세기적 논쟁이 흥미롭다.

그리스 재정위기가 절정이던 2010년 4월, 하버드 대학 경제학자들인 라인하트Carmen Reinhart와 로고프Kenneth Rogoff는 공공부채가 GDP의 90%를 넘으면 경제성장률이 급격히 하락한다는 이른바 '로고프 절벽Rogoff's Cliff'을 주장했다. 당장 힘들더라도 성장을 가로막는 정부 빚을 줄이고 긴축재정을 해야 한다는 메르켈 독일 총리와 미국 보수주의자들의 입장을 정당화하는 근거로 인용

* 《경기일보》 2013년 5월 16일자 게재.

돼 왔다.

그런데 3년 뒤인 지난 4월, 매사추세츠 대학 헌든Thomas Herndon과 애쉬Michael Ash, 폴린Robert Pollin은 로고프 절벽의 오류를 지적하면서 국가부채비율이 90%가 넘어도 마이너스 성장이 아니라 오히려 2%대로 꾸준히 성장한 나라가 많았음을 찾아냈다. 긴축이 정부지출 축소와 공공부문 대량 해고로 이어져서 성장이 아니라 오히려 침체를 더 심화시킬 수 있다는 것이다. 정부부채 한도를 확대하고 재정투자를 더 늘려야 한다는 올랑드 프랑스 대통령과 오바마 미국 대통령이 원군을 만난 셈이다. 여기에 노벨경제학상을 받은 프린스턴 대학 크루그먼Paul Krugman이 긴축의 논리는 가진 자들의 이익을 대변하는 것으로 그 피해는 의료와

국가채무나 가계부채도 GDP를 기준으로 하고
기업부채도 자기자본 규모를 기준으로 한다.
이런 맥락에서 지역총생산GRDP을 기준으로
지방정부들을 살펴보면 부채비율은 10%를 밑돈다.
다른 거시경제 주체들에 비해 상대적으로 크게 건전하다

복지지출 삭감에 따라 가난한 사람에게 먼저 닥친다고 가세하면서 정치적 이슈로 뜨거워졌다.

우리 경제에 켜져 있는 고용 없는 저성장의 적신호도 여전하다. 정부가 균형재정을 완강히 고수하는 이유다. 반대 목소리도 크다. 지금 건전성에만 목맬 게 아니라 경기 냉각을 완화할 적극적 재정활동을 통해 내수를 키워야 한다는 거다. 문제는 우리 거시경제 주체들에게 지금 그럴 여력이 없다는 점이다. 오히려 과도한 부채가 시한폭탄이다. 우선 국가채무 규모가 480조 원을 넘어 GDP대비 36%로 역대 최고다. 기업들의 부채도 자기자본보다 많다. 1,000조 원에 육박하는 가계부채는 GDP대비 80%로 OECD 평균 65%보다도 높다. 이 대목에서, 제4의 거시경제주체로서 상대적으로 건전성을 유지하고 있는 지방재정의 적극적 역할에 주목할 필요가 있다.

지방재정을 보는 눈은 대체로 곱지 않다. 방만한 재정운용 때문에 부채가 재정위기 수준에 이른 지방정부가 한둘이 아니라는 게 비판의 골자다. 그런데 여기에는 '부당한 진실'도 숨어 있다.

첫째, 정부는 자치단체의 부채규모가 한해 예산액의 40%를 넘기면 '재정위기단체'로 지정해서 재정권을 통제하거나 불이익을 주겠다는 것이다. 이건 지방자치에 심각한 제약을 주는 문제기 때문에 그 판단기준이 특별히 충분한 경험적·이론적 바탕과 설득력을 가져야 한다.

지방정부의 적절한 채무수준에 대한 공인된 국제적 표준은 없다. 그러나 일정 기간의 수입과 원리금 상환 규모를 대비하는 유량flow 개념이든, 어느 한 시점에서 총 부채규모를 감당할 총 재정능력을 살피는 저량stock 개념이든 핵심은 '채무상환능력'이어야 한다. 우리처럼 한 회계연도 수입으로 총 부채규모를 감당할 수 있는지 없는지 그 능력을 확인해 보겠다는 '채무비율 40%'는 문제가 있다. 국가채무나 가계부채도 GDP를 기준으로 하고 기업부채도 자기자본 규모를 기준으로 한다. 이런 맥락에서 지역총생산GRDP을 기준으로 지방정부들을 살펴보면 부채비율은 10%를 밑돈다. 다른 거시경제 주체들에 비해 상대적으로 크게 건전하다.

둘째, 애초 '채무비율 40%'는 지방채 발행 한도 기준임에도 재정위기 진단지표로 원용되고 이게 다시 지방채 발행을 통제하는 순환논리가 됐다. 결국 '채무비율 40%'는 지방재정 위기를 과대평가하는 면이 있고, 그걸 전제한 지방채 통제도 과잉의지의 표현일 수 있다. 지금 여기서 재정자립도를 얘기하는 것은 온당치 않다. 그건 다른 차원의 구조적 문제기 때문이다.

지역경제는 지금 침체의 터널에 갇혀 있다. 지방재정과 지방채가 침체를 극복할 수 있는 유력한 정책수단이 될 수 있다. 밑바닥 경제를 진작시켜 성장을 견인하고 늘어나는 세수로 부채를 줄이면 선순환이 된다. 지난 외환위기와 글로벌 금융위기 때 정부는 지방채 발행 확대를 독려한 바 있다. 지금은 어떤가. 지방의 운신의 폭을 좀 더 넓혀줄 때 아닌가.

창조경제에 대한 생각*

정부의 '창조경제'가 도무지 뭔 얘긴지 모르겠다는 불평 혹은 냉소가 여전하다. 창조경제 주창자로 알려진 영국 경영전략가 호킨스John Howkins는 "새로운 아이디어, 즉 창의력으로 제조업과 서비스업, 유통업, 엔터테인먼트산업 등에 활력을 불어 넣는 것"이라 정의한다. 우리 정부 견해도 크게 다르지 않다.

이게 영 손에 잡히지 않는다면 창조경제를 대하는 우리 스스로의 태도를 되돌아볼 필요도 있다. 오늘날 인문학과 자연과학의 경계를 허무는 융합시대 학문의 총아로 주목받는 '뇌 과학brain science'적 접근을 빌어 보자. 내면의 인식모델과 외부 정보가 불일치할 때 우리 뇌는 인식모델을 바꾸기보다 우선적으로 외부정보를 무시하는 경향이 강하다고 한다. 나이가 들수록 더 완고해진다. 우리는 지금까지 외세에 의한 근대문물 도입과 식민지배,

* 《중부일보》 2013년 10월 1일자 게재.

압축적 산업화를 거치며 오로지 선진열강을 뒤쫓아야만 했다. 지난 20세기를 점철한 '모방경제'에 고착돼 있는 우리 인식모델을 쉽게 바꾸기는 어려운 일이다.

그러니 우선, 창조경제의 키워드인 '창의創意'에서 출발해보자. 창의란 새로운 의견을 생각해 내는 일이나 생각해 낸 의견이다. 창조경제가 도대체 뭐냐고, 손에 좀 쥐여 달라고 볼멘소리하는 긴 결국 새로운 의견을 생각하는 행위나 생각해 낸 새로운 의견을 달라는 거다. '창조경제'라는 완제품이나 기성품을 보여주면 그대로 좇아가겠다는, 지금까지 익숙해 있던 방식을 탈피하려는 익숙지 않은 주체적 노력이 바로 창조경제의 출발이다.

이런 노력은 거창한 것이어야만 할까. 아니다. 아르키메데스의 '유레카'처럼 창의성의 순간이 벼락처럼 어느 날 갑자기 찾아오지는 않는다. 창조와 혁신의 아이콘, 잡스Steve Jobs는 "혁신과 창의성은 어디 특별한 데서 나오는 게 아니라 주변의 것을 배우고 학습하는 과정에서 나온다."고 했다. 천재성 혹은 깨달음과 같은 창조는 없다. 기왕에 존재하는 것들에 대한 세밀한 천착이 필요하다. 그러므로 우리에게 익숙한 조급증, 압축 고도성장이 만들어 낸 속전속결의 사회문화를 차츰 바꿔 가는 과정도 바로 창조경제다.

아르키메데스의 '유레카'처럼
창의성의 순간이 벼락처럼 어느 날 갑자기 찾아오지는 않는다.
창조와 혁신의 아이콘, 잡스Steve Jobs는
"혁신과 창의성은 어디 특별한 데서 나오는 게 아니라
주변의 것을 배우고 학습하는 과정에서 나온다."고 했다.

마지막으로 창조성의 기초가 첨단과학과 기술에만 있는 것으로 우리의 인식이 과하게 기울어져 있는 건 아닐까. "창조는 인간에 대한 끊임없는 배려와 관심, 그리고 삶에 대한 성찰이 깔려 있지 않으면 어떤 발명도, 제도도 괴물이 된다." 대통령이 강조한 바다. 소크라테스와 식사할 기회를 준다면 애플이 가진 모든 기술과 바꾸겠다던 잡스 역시 "가슴을 울리는 결과를 내는 것은 인문학과 결합된 과학기술"이라고 강조했다. 그러니 창조경제를 몇몇 획기적인 과학적 발견과 첨단기술의 개발 혹은 그것들의 융·복합 정도로 이해해서는 안 된다. 창조경제의 동력은 인문학적 상상력에서 나온다는 거다.

요컨대, 창조경제 그 자체가 요령부득이 아니라 결국 제일 중요한 건 '나' 자신이 달라져야 한다는 점이다. 어디에서 시작해 볼까. 생전에 잡스는 애플이 사람들에게 공감을 얻는 이유를 "우리의 혁신에 깊은 인간애가 흐르고 있기 때문"이라고 했다. 인문정신의 고양과 인문학적 상상력의 융성이 우리사회에 필요하다. 그것도 소수 계층만의 독점이 아니라 다수 대중으로 확대된 저변이어야 한다.

그러려면 이 아름다운 독서의 계절에 좋은 소설 한 권부터 읽어 봄이 어떠한가. 사람 사는 세상을 구체적으로 보여주는 건 단연 문학이요, 다양한 인간문제를 이해하는 지름길 중 하나가 바로 소설을 읽는 것이기 때문이다. 창조도 결국 사람과 인생을 위한 것이다. 1년에 책 한 권 읽지 않는 사람이 10명 중 3명이 넘는다는 우리 현실에서 창조경제 탓만 할 일이 아니다.

공동의 차별화된 책임의 원칙*

1992년 리우에서 채택된 '기후변화에 관한 유엔 기본협약UNFCCC'은 지구환경문제 해결의 초석이다. 여기에는 무분별한 산업 활동이 야기한 지구온난화가 인류 전체의 건강과 복지에 심각한 위협이 되고 있다는 자각과 함께 현재와 미래 세대를 위해 기후체계를 보호해야만 한다는 집단적 결의가 담겨있다. 그런데, 여기 담긴 진짜 교훈은 선진국과 개도국 간에 합의된 '공동의 차별화된 책임common but differentiated responsibilities'의 원칙이다.

그 요지는 첫째, 오늘날 심각한 지구온난화가 지난 2백년간 선진국들이 배출한 이산화탄소 때문이라는 점을 선진국들이 인정하는 것이다. 따라서 선진국이 그 책임을 충분히 고려해서 기후변화와 그 부정적 효과에 선도적으로 대처해야 한다고 선언한다.

* 《경기일보》 2013년 6월 4일자 게재.

둘째, 개도국은 부적절하거나 부당한 사회경제적 비용 없이 지속가능한 발전을 달성하는데 필요한 자원을 이용할 수 있어야 한다는 것이다.

셋째, 모든 나라는 환경과 개발에 있어서 주권적 권리를 가지는 동시에 자국 활동이 다른 나라 환경에 피해를 주지 않아야 한다는 것이다.

이 원칙은 선진국과 개도국 간에 공통적, 차별적 의무이행으로 연결된다. 첫째, 온실가스 배출과 흡수원에 대한 통계와 보고, 대응계획, 기술개발과 확산을 위한 협력의무는 선진국과 개도국 모두에게 있다. 둘째, 선진국은 자국의 온실가스배출량을 감축할 의무와 함께 개도국이 공동의 책임을 이행하는데 소요되는 비용을 제공할 의무를 차별적으로 진다. 온실가스 감축목표는 1997년 교토의정서 체제를 통해 구체화됐고 재원부담은 2010년 녹색기후기금GCF을 통해 현실화됐다.

기후변화협약 전문과 제3조, 제4조에서 거듭 천명돼 있는 '공동의 차별화된 책임'의 원칙은 세계 154개국의 다양한 이해관계를 극복한 결과다. 동시에 환경문제에 관한 한 지구가 한 배에 탄 공동운명체Spaceship Earth임을 선언했던 1972년 스톡홀름 회의 이래 20년 만에 어렵사리 일궈낸 글로벌 거버넌스governance의 성

나라 안에서는 지금 다양한 환경 이슈를 둘러싸고
정부 부처간, 정부와 지방정부 또는 지방정부간에
얽히고설킨 이해관계들이 충돌하고 있다.
문제해결의 출발은 갈등의 원천이 어딘지에 대한
분명한 확인이고 해법은 문제해결을 위한 공동의 노력 더하기
원인제공자의 차별적 책임에 대한 약속이다.

쥐다. 이 원칙은 서로 다른 이해관계를 가진 구성원들이 동시에 그들이 속한 더 큰 공동체의 일원으로서 모두의 상생발전을 위해 다양한 이해들의 조화와 협력적 문제해결을 어디에서 시작할 수 있는지를 보여준 값진 교훈이다. 그 출발은 지구온난화라는 문제의 원천이 선진국에 있다는 분명한 확인이고 해법은 문제해결을 위한 공동의 노력 플러스 원인제공자인 선진국의 차별적 책임에 대한 약속이다.

나라 안에서는 지금 다양한 환경 이슈를 둘러싸고 정부 부처

간, 정부와 지방정부 또는 지방정부간에 얽히고설킨 이해관계들이 충돌하고 있다. 옛 지식경제부는 연초에 영흥화력발전소 추가증설이 포함된 전력수급기본계획을 발표하면서 수도권에 더는 석탄 화력발전소를 짓지 않겠다는 약속을 깼고 환경부와 인천광역시는 그 대척점에 있다. 한강 상류의 식수원보호를 위해 하류지역 주민들이 10년 이상 내왔던 4조원 이상의 물이용 부담금의 효과성과 투명성을 두고는 서울·인천과 환경부가 갈등하고 있다. 2016년 사용종료가 약속된 수도권쓰레기매립지를 두고 전체 반입쓰레기의 48%를 쏟아내는 서울시가 2044년까지 사용연장을 제기하면서 지난 20년간 악취와 먼지 등으로 고통받아온 인천시와 부딪치고 있다. 낙동강 수계에서는 상수원확보를 둘러싸고 지자체간에 다양한 갈등이 표출되고 있다.

대한민국과 수도권이라는 더 큰 공동체 속에서 상생발전을 위한 협력적 문제해결의 지혜가 필요하다. 그 출발은 갈등의 원천이 어딘지에 대한 분명한 확인이고 해법은 문제해결을 위한 공동의 노력 더하기 원인제공자의 차별적 책임에 대한 약속이다.

도시의 건강검진, 지속가능성보고서*

누구도 장담할 수 없는 건강위험의 불확실성이 주는 불안과 걱정에서 자유로운 사람은 없다. 그래서 오늘날 건강의 위험요인과 질병을 조기에 발견하여 치료함으로써 인간다운 생활을 보장받고 건강한 삶을 영위하기 위한 건강검진의 필요성과 효과를 부정하는 사람은 없다. 그렇다면 우리들의 인간다운 생활과 건강한 삶은 전적으로 개인의 문제로 환원되고 개인의 노력으로담보될 수 있는가. 사람들이 모여 사는 크고 작은 조직, 공동체혹은 사회가 건강하지 못할 때 하나의 개체가 온전히 건강할 수 있을까.

이런 문제의식이 지구공동체 차원에서 제기되고 확산되기 시작했다. 지구는 19세기 중반 산업혁명 이래 심각한 기후변화로 전례 없는 환경 재앙에 노출돼 왔다. 1972년 유엔은 환경이 배제

* 《경기일보》 2013년 9월 26일자 게재.

된 경제개발은 지속불가능하다는 결론에 도달했다. '지속가능성sustainability'이란 미래 세대가 사용할 자원이나 필요를 충족할 능력을 손상시키지 않는 범위에서 현 세대의 필요에 부응하는 발전이며 이는 곧 경제성장과 사회통합, 환경보전이 균형을 이루는 것으로 정의됐다. 유엔은 '지속가능 성장위원회'를 창설했고(1992) 각 나라의 특성을 고려한 지속가능 발전정책을 요청했다(2012).

이런 시대적 과제와 요구에 따라 세계적인 세계 각국의 수많은 기업들과 공공기관이 스스로의 지속가능 역량과 성과를 평가한 보고서를 발간하기 시작했다. 우리나라도 2003년 이래 기업을 중심으로 약 500여개 기관이 「지속가능성 보고서」를 냈다. 2013년 인천은 광역지방자치단체로는 최초로 보고서를 발간한다. 인구 300만의 도시정부, 인천의 지속가능성은 매우 특별한 의미를 갖는다.

국가는 더 이상 그 구성원을 대표하는 균일한 단위체가 아니다. 인류의 과반인 35억 명이 도시에서 삶을 영위하는 21세기에 개인의 삶이 자기 완결적으로 영위될 수 있는 최적의 단위체는 분명 '도시'다.

지난 2010년 '더 나은 도시better city, 더 나은 삶better life'을 주제

로 열린 상하이엑스포는 '도시의 시대'가 갖는 문제의식을 함축한다. 도시의 진화는 인류에게 풍요롭고 편리한 삶의 조건을 계속 개선해 왔다. 반면에 사람과 자원의 집중을 가속화했고 인구와 주택, 에너지와 환경, 빈곤과 보건, 복지와 교육 등 도시문제를 광범위하게 드러내는 과정이기도 했다. 이에 따라 도시에 살고 있는 사람들의 삶을 안전하고 윤택하게 보장하기 위해 도시는 스스로의 문제를 진단하고 그에 따른 다양한 해결방안을 모

'지속가능성sustainability' 이란
미래 세대가 사용할 자원이나 필요를 충족할 능력을
손상시키지 않는 범위에서 현 세대의 필요에 부응하는
발전이며 이는 곧 경제성장과 사회통합, 환경보전이
균형을 이루는 것으로 정의됐다.
도시의 지속가능성은
한편으로는 국가의 지속가능성을 넘어
지구적 지속가능성을 진단하는 바로미터이면서
다른 한편으론 개개인의 삶을
가장 현실적으로 규정하는 조건이기도 한 것이다.

색해 왔다. 바로 이런 맥락에서 도시의 지속가능성은 한편으로는 국가의 지속가능성을 넘어 지구적 지속가능성을 진단하는 바로미터이면서 다른 한편으론 개개인의 삶을 가장 현실적으로 규정하는 조건이기도 한 것이다.

사실 지속가능성보고서는 작성할 의무도 없고 작성하지 않는다고 해서 어떤 불이익을 받는 것도 아니다. 그러나 「지속가능성보고서」를 내는 것은 벽을 문으로 만드는 하나의 실천이다. 경제와 사회, 환경이라는 단절된 사고의 벽을 허물고 현재 세대와 미래 세대 간 상충적 이해의 벽을 허물어 사람과 자연, 사람과 사람의 조화와 균형의 문을 내는 일이다. 호주 멜버른, 네덜란드 암스테르담, 스웨덴 스톡홀름, 스위스 취리히, 오스트리아 비엔나 그리고 독일 본이 내는 보고서는 이들 도시에 대한 국제적인 평가를 드높인다. 세계적으로 인정받는 머서Mercer나 이코노미스트Economist 보고서는 이들을 세계에서 가장 살기 좋은 혹은 가장 경쟁력 있는 도시로 손꼽고 있다.

인천의 첫 보고서는 부족한 점이 적지 않음에도 불구하고 창대한 미래를 준비하는 소중한 실천이다. 그 시작을 미미하다고 폄하할 수는 없는 이유다.

시민행복을 위한 지방정부조직의 지속가능모델*

지난 세기말 환경보전과 개발을 조화하는 개념으로 등장한 '지속가능발전sustainable development'은 오늘날 소극적인 환경보호를 넘어 사회통합과 경제성장을 모두 아우르는 포괄적인 개념으로 확장됐다. 그 결과 국내총생산GDP 같은 거시경제지표를 '발전'과 동일시하는 한계를 극복하고 경제와 사회, 환경이라는 3가지 영역을 모두 만족하는 '집합적 복지collective welfare' 내지 '행복happiness' 수준을 높이는 것이 공공정책의 과제가 됐다. 지속가능성이 조건과 과정이라면 행복은 그 목적이다. 그 행복의 최전선은 지방자치에 있고 그 기능을 수행하는 것이 지방정부의 '조직'인데 지속가능의 관점에서 보면 한계가 있다.

조직적 측면에서 우선 부단체장 제도부터 짚어볼 필요가 있다. 현재 우리의 지방정부는 선출직 단체장을 정점으로 임명직

* 《기호일보》 2014년 10월 8일자 게재.

인 부단체장을 '행정'과 '정무' 또는 '경제'란 이름으로 이분화하고 있다. 지방자치법에 따라 인구 800만이 넘는 서울과 경기도는 각각 2명의 행정부시장·부지사와 정무부시장·경제부지사 1명씩 해서 3명의 부단체장을 두고 있다. 나머지 광역단체는 행정부단체장과 정무 또는 경제부단체장 각 1명씩을 두고 있다. 제주는 그 이름을 행정부지사와 환경·경제부지사로 하고 있다.

현재 지방자치법은 주민들이 투표로 선출하는 정치인이자 행정가인 단체장이 자치단체를 대표하고 그 사무를 총괄한다고 명시하고 있으면서도 같은 법 시행령에 다시 행정부시장·부지사가 당해 시도의 사무를 총괄하고 소속 공무원을 감독하도록 하고 있다. 중복 내지 모순의 문제를 갖는다.

게다가 지방자치의 기능을 행정과 정무 또는 경제로 양분하는 것은 지방자치의 정신이나 시대정신에 맞는 것인가. 최고 정무기능은 이미 단체장이 행사하는 것이고 그 뒷받침을 위해 비서실과 다양한 자문·보좌역, 외곽그룹들이 존재한다. 실제 자치현장에서 정무부단체장이라는 자리가 갖는 무게를 생각하면 이를 정무 보좌기능으로만 쓰는 게 얼마나 아까운 일인지 모른다. 경제부시장·부지사는 또 어떤가. 지역산업의 진흥과 투자유치, 일자리창출에 대한 단체장의 의지를 반영하는 것이겠지만 과연 자

지방정부도 지속가능성의 세 가지 요체이자 기둥인
경제와 사회, 환경 부문을 동시에 균형적으로 추구하는
조직이 돼야 한다.
이를 위한 첫 단추는 단체장과 부단체장의 역할체계와 틀을
새로 짜는 것부터다. 지금과 같은 행정과 정무 또는
경제부단체장의 틀로는 부족하다. 경제부시장, 사회부시장,
환경부시장이 삼두마차가 돼서 관련 분야를 보다 통합적이고
전문적으로 책임지면서 단체장을 보좌하고
이를 토대로 단체장은 시민들에게 책임지는 구조가 바람직하다

치의 본령을 '경제'만으로 대표할 수 있는가.

자치사무는 전全방위적으로 시민들의 삶의 질과 직결돼 있다. 오늘날 사회발전과 삶의 질을 총체적으로 보장하기 위한 모델로 '지속가능발전'이라는 인식이 보편화하고 있다. 그렇다면 그 최전선에 있는 지방정부도 지속가능성의 세 가지 요체이자 기둥인 경제와 사회, 환경 부문을 동시에 균형적으로 추구하는 조직이 돼야 한다. 이를 위한 첫 단추는 단체장과 부단체장의 역할체계

와 틀을 새로 짜는 것부터다. 지금과 같은 행정과 정무 또는 경제부단체장의 틀로는 부족하다. 경제부시장, 사회부시장, 환경부시장이 삼두마차가 돼서 관련 분야를 보다 통합적이고 전문적으로 책임지면서 단체장을 보좌하고 이를 토대로 단체장은 시민들에게 책임지는 구조가 바람직하다.

물론 중앙정부조차 경제와 사회분야를 관장하는 부총리만 두고 환경 분야는 간과하고 있는 게 현실이라 지방정부의 삼두마차 체제는 시기상조라고 얘기할 수도 있겠다. 경제와 사회분야에 비해 환경이 왜소해 보이는 탓이다. 그러나 독일의 지방정부들에서 보듯 환경은 도시계획분야와 통합적으로 다루어지고 있음을 음미할 필요가 있다. 그러니 지방이 지속가능발전의 관점에서 앞서갈 수도 있지 않은가. 그러려면 먼저 자치조직을 획일적으로 규제하고 있는 지방자치법령부터 전향적으로 바뀌어야 한다.

지금 지방정부조직은 수평적 병렬식 구조로 돼 있어 과연 정책의 가치와 우선순위가 어디에 있는지 가늠하기 어렵다. 이걸 입체적으로 바꿀 필요가 있다. 가령 법령이 바뀔 때까지는 경제와 사회, 환경 관련 실·국을 묶고 선임 실국장이 각 분야를 리드하고 소정하도록 하는 것도 해볼 만하다. 이 또한 선임 실·국의 직급 상향이 필요해 그리 쉽지는 않겠지만 전국에서 새 돛을 올린 민선 6기 지방정부들이 힘을 합쳐 추진해 볼 의제다.

자녀 교복비, 기초급여에 포함해야*

교복, 그 이름은 들으면 가슴 설레는 말 중 하나다. 전통적으로 고등교육, 소위 가방끈 길이가 곧 출세와 부로 연결되는 사다리라는 인식이 유별난 우리사회에서 교복은 신산辛酸했던 삶을 자식에까지 물려주지는 않겠다는 부모들의 비원悲願의 상징이기도 했다. 그래서 중·고등학교에 입학하는 아들딸 손을 잡고 교복점에 들어서는 부모의 보무는 당당했고 새로 맞춘 교복을 입고 참석한 입학식은 온 가족의 감동어린 경사였다. 많이 풍족해진 요즘에도 교복이 머금고 있는 그 의미는 크게 다르지 않다.

우리 현대사에서 중·고등학교 교복은 1983년 교복자율화 조치로 잠시 사라졌으나 채 10년이 못 돼 거의 모든 학교에서 부활했다. 교복 대신 사복을 입게 되면서 통일된 교복 속에 가려졌던 빈부격차가 드러나 사회적 위화감을 조장하는 한편 학교에 대한

* 《기호일보》 2014년 12월 29일자 게재.

소속감이 떨어지고 청소년 탈선을 부추긴다는 부작용이 대두됐기 때문이다. 2013년 교육부 통계로 전국 5,516개 중·고교들 중에 95.6%인 5,275개 학교가 교복을 착용한다 하니 교복은 학생들의 필수품이라고 해도 과언이 아니다.

교복은 옛날과 달리 다양한 디자인과 색상으로 부활했지만 값도 계속 올라서 가계 부담도 그만큼 커졌다. 교복은 학교별로 공동구매하거나 학생 개인별로 구매하는데, 2013년 통계로 공동구매한 동복의 평균가격이 199,689원, 개별로 구매한 평균가격은 250,845원이다. 예나 지금이나 입학하는 자녀를 위해 부모들은 대개 교복뿐만 아니라 신발과 가방도 새로 장만해 주는데 이

법정 의무교육은 중학교까지라고 하지만
고등학교는 누구나 나와야 하는 게 우리사회의 현실인데다
전국 대부분의 중·고등학교들이 교복을 입는
보편적 사정을 고려하면, 저소득 빈곤 가정의 자녀에 대한
교복비 지원이 사회적 온정에 불안정하게 의존하거나
지방정부의 특수시책 여부에 따라
그 혜택이 좌우돼서는 곤란하다.

것도 예전에 비해 여간 비싸진 게 아니다. 그러니 형편이 여의치 않은 집에선 꽤 큰 목돈이 드는 셈이라 그 부담이 적지 않다.

그런 까닭에 한동안 '교복은행'이란 이름으로 교복을 물려주거나 '사랑의 교복 입기'를 통해 형편이 어려운 가정의 자녀를 돕는 민간 차원의 운동이 붐을 이루기도 했다. 그러나 이러한 풍경도 예전 같지 않고 현실적으로도 하루가 다르게 크는 아이들이 매일 입던 교복을 그대로 물려받아 입을만한 게 못된다. 무엇보다도 민간부문의 자발적 참여에 의존하는 이러한 사회적 실천들은 지속가능성 면에서 한계가 있다.

그래서 2002년 서울을 필두로 경남과 충남 등 지방정부에서는 기초생활수급자 자녀나 복지시설에서 생활하는 아이들에게 예산으로 교복비를 지원해 왔다. 인천도 2010년부터 매년 광역시와 군·구가 각각 절반을 부담해서 기초수급자 자녀들 중에 중·고등학교에 입학하는 약 2천5백 명에게 동복 20만원, 하복 10만원씩을 지원한다. 그런데 지자체 차원의 교복비 지원은 금액도 대상도 차이가 날뿐 아니라 무엇보다 지방정부에 따라 받고 못받는 형평성에 문제가 있다. 법정 의무교육은 중학교까지라고 하지만 고등학교는 누구나 나와야 하는 게 우리사회의 현실인데다 전국 대부분의 중·고등학교들이 교복을 입는 보편적 사정을 고려하면, 저소득 빈곤 가정의 자녀에 대한 교복비 지원이 사회적 온정에 불안정하게 의존하거나 지방정부의 특수시책 여부에 따라 그 혜택이 좌우돼서는 곤란하다.

가장 바람직한 대안은 우리나라 사회보장제도의 근간인 국민기초생활보장법으로 제도화하는 것이다. 현행법에도 기초생활수급자 자녀에 대한 '교육급여' 항목이 있다. 올해 기준으로 고등학생에게는 입학금과 수업료 전액과 부교재를 포함한 교과서대로 한 해 12만 9천5백 원, 초·중학생에게는 부교재 값으로 한 해에 3만8천7백 원, 중·고등학생에게는 학기당 2만6천3백 원씩 학용품비를 지원한다. 그런데 학용품이나 부교재보다 우선적으로 필요하면서도 훨씬 큰 부담이 되는 교복비가 정작 빠져 있다.

교육이 국가 백년대계이고 교육급여가 전국적 범위의 국가제도인데다 학생들의 선택에 의해서가 아니라 누구나 교복을 입어야 하는 현실이라면 기초생활수급자의 자녀 교복비는 하루빨리 교육급여로 지원하는 제도화가 필요하다. 국가적으로 매년 약 100억 원 정도가 들 것으로 보이는데 이 정도면 다른 복지 영역에서 발생하는 누수를 조금만 줄여도 되는 규모다.

구區에는 왜 청장廳長님들이 계실까*

새 정부의 국정목표와 전략 속에는 연방제 수준의 지방분권이라는 거대 담론이 포함되어 있다. 그 구현을 위해 법과 제도를 비롯한 구조적 혁신방안이 풍성하게 제출된다. 그런데 이와 동시에 무심히 지나치거나 가벼이 여기지 말아야 할 것은 지방자치를 둘러싼 여러 개념들에 대한 인식의 혼란이다. 인식의 혼란이 쌓이면 생각하는 기능도 왜곡되고 구조 혁신을 위한 실천적 인식에 대한 동력도 약화된다. '구청장'이란 개념 혹은 명칭도 그 하나다.

지방자치단체 종류를 정한 지방자치법 제2조와 3조는 정부 직할로 두는 시·도와 시·도의 관할구역 안에 두는 시·군·자치구를 규정한다. 제93조에서 시장과 도지사를 시·도에 두고 시·군·구에는 시장·군수·구청장을 둔다고 했다. 먼저 거슬리는 것

* 《경기일보》 2017년 9월 11일자 게재.

청廳은 기본적으로
법령이나 특정사무의 집행을 목적으로 하는 관청을 의미하고
그 책임자를 청장이라 한다.
그렇다면 지방정부의 최고기관인 주민으로부터 선출되어
행정업무뿐이 아니라 통할대표권을 갖는 자치구의 장을
행정기관의 책임자와 같은 이름으로 부르는 것이 온당할까.
지방자치가 질곡 속에서 유예되어 있던
임명직 관료시절의 빛바랜 유물은 아닌가.

이 지방정부가 아니라 지방자치'단체'로 규정된 용어인데, 독일법 계통이나 가깝게는 일본 지방자치법의 문제적 색채를 부정할 수 없지만 이에 관한 논의는 약略하기로 한다.

시市나 도道, 군郡과 달리 구區라는 용어가 자기의사결정권을 갖는 온전한 공동체로서 지방정부의 성질과 격에 부합하는가도 문제다. 시·도나 군은 다소간 경계의 변동에도 불구하고 지리적, 문화적, 경제적인 운명공동체 성격을 어렵지 않게 읽어낸다. 반면에 구는 사전적으로도 '넓은 범위를 어떤 기준에 의해 몇으

로 나눈 하나하나의 지역이자 행정구역의 하나'라 정의된다. 우리에게 안 좋은 기억도 있다. 일제강점기 식민통치를 위해 마을 단위를 하나의 구로 묶고 이를 관리할 구장區長을 편제編制했었다. 지금 마을 이장 쯤 되는 구장에게 식민권력은 한 줌의 사법적·경제적 특권을 허락하여 일신과 일가 친인척이 제법 마을에서 위세를 구가하도록 한 셈이다.

단지 그래서일지는 몰라도 우리 대한민국 지방자치법상 자치구의 장은 장長도 지사知事도 수守도 아닌 청장廳長으로 규정돼 있다. 그렇다면 지방정부의 최고기관인 주민의 직접선거로 뽑고 지방정부 사무를 총괄하며 지방정부의 통할대표권(지방자치법 제101조)을 갖는 지위에 구청장이라는 명칭은 부합하는가. 우리는 수많은 청장들을 알고 있다. 우선 도道 관할구역 안에 있는 인구 50만 이상의 시에 둘 수 있는 이른바 일반 혹은 행정구의 책임자도 청장이다. 무엇보다 정부조직법상 각 부部에 소속되어 특정한 소관 사무를 관장하도록 설치되는 중앙행정기관인 청廳의 책임자도 청장이다. 국세와 병무, 특허와 기상 등 특정분야 사무를 관장하기도 하고 새만금개발청 등 특정지역에 대한 서비스를 제공하기도 한다. 뿐만 아니라 권역별로 나누어 소속 중앙행정기관의 국가사무를 수행하는 일선기관인 특별지방행정기관들에도 수많은 청장님들이 계시다.

청廳은 기본적으로 법령이나 특정사무의 집행을 목적으로 하는 관청을 의미하고 그 책임자를 청장이라 한다. 그렇다면 지방정부의 최고기관인 주민으로부터 선출되어 행정업무뿐이 아니라 통할대표권을 갖는 자치구의 장을 행정기관의 책임자와 같은 이름으로 부르는 것이 온당할까. 지방자치가 질곡 속에서 유예되어 있던 임명직 관료시절의 빛바랜 유물은 아닌가.

지방자치의 근본원리는 민주주의이고 그 골간은 공동체 구성원의 자기의사결정권인 직접선거다. 그렇게 선출된 지위에는 단지 행정업무가 이뤄지는 관청의 수장이 아니라 지방정부의 통할대표권이 부여되는 것이다. 사족 같지만 구청장에 대해 역설적인 명칭이 읍·면·동장이다. 그야말로 풀뿌리 지방자치인 읍·면·동 자치가 부재한 현실에서 읍·면·동장은 주민들로부터 권한을 부여받은 바 없다. 그러므로 읍·면·동사무소의 책임자인 소장이 현실에 엄밀히 부합하는 용어일 것이다.

꿩 잡는 게 매라고 지방자치의 목적을 잘 수행하면 되는 것이지 명칭 하나 가지고 뭘 그리 대수롭게 구느냐고 할 수도 있다. 형식보다 실질이 중요한 게 백번 맞다. 하지만 이름과 실질은 서로 부합하는 게 더 좋은 일이다. 서울에 25개 자치구와 인천 8개

자치구(부산 15개, 대구 7개, 대전과 광주에 각 5개, 울산 4개) 등에 거주하는 2천만 명이 넘는 주민들이 직접 선거로 뽑은 그들의 대표들을 단지 관청의 대표로 부르는 건 아무리 생각해도 온당해 보이지 않는다. 개인적으로 이런 문제의식은 꽤 오래 되었지만 이거다 싶은 대안이 지금 당장 떠오르지는 않는다. 그렇지만 우선 문제의식에 공감하고 다수의 지혜를 모아볼 필요가 있다. 연방제 수준의 지방분권을 얘기하는 차제에 냉정하게 짚어볼 문제라 생각한다.

인구재앙 담론이 말하지 않는 것*

우리나라 통계청이 2016년 장래인구추계에서 예측한 올해 신생아 수가 41만 명 선이었는데 현실에서는 이미 작년에 40만 6천 명으로 떨어졌고 올 해는 36만 명 선으로 급전직하할 것이란 전망이 나왔다. 한국전쟁 중인 1951년에도 출생자가 50만 명이 넘었던 사실을 상기하며 대단한 위험신호이자 국가와 민족 절멸의 위기라는 목소리가 높다. 인구소멸 혹은 지구상에서 사라질 가능성 1위 후보 국가가 한국이라는 거듭되는 예측부터, 인구대체수준(2.1명)을 훨씬 밑도는 수년째 세계최저수준의 합계출산율(2017년 1.07명), 게다가 유례없이 초고속으로 진행되는 고령화까지를 놓고 보면 인구재앙의 공포를 부인하기 어렵다.

그러면 과연 합계출산율 → 생산가능 인구 → 부양인구비율 → 성장잠재력 → 국가경쟁력으로 등식처럼 이어지는 담론 앞에

* 《기호일보》 2018년 5월 10일자 게재.

서 도무지 이견異見이란 필요 없는 것일까 혹은 필요 없어야 하는가. 이와 같은 담론에는 정도의 차이는 있지만 정치권의 여야가 따로 없고 언론의 보수 진보도 따로 없고 학계와 현장도 큰 이견이 없어 보인다. 담론이란 게 이념과 가치, 혹은 계급적 이해를 내포하고 있는 것인데 참 기이한 일이다.

작년에 국내 최대 일간지가 인구절벽 기획보도 맨 앞에 실은 한 장의 사진이 압권이다. 운동장이 모자랄 만큼 아이들로 가득 찼던 반세기 전 초등학교와 오늘날 축구팀도 제대로 꾸리지 못할 정도로 졸아든 어느 시골 초등학교의 극명한 대조. 그렇다면 과연 전자는 선善이요 축복이고 후자는 악惡이요 비극인가.

인구가 많아야 꼭 좋은 게 아니듯 적다고 다 나쁜 건 아니다. 방글라데시는 우리보다 조금 큰 땅에 3배의 인구가 산다. 우리가 늘 부러워마지않는 덴마크나 노르웨이, 핀란드 인구는 각각 6백만이 안되고 스웨덴도 9백만 명대에 지나지 않는다. 국토면적이 대한민국 절반에 못 미치는 네덜란드는 인구도 우리의 3분의 1수준이다. 인구 8백만 명대의 오스트리아와 스위스는 면적이 우리보다 조금 작거나 절반에 불과하다. 아일랜드와 뉴질랜드 인구는 5백만도 안 되고 드넓은 땅을 가진 호주 인구도 고작 2천 3백만 명 수준이다. 이스라엘 인구도 8백만 명 수준이다.

우리 인적 자원의 질이 이 나라들보다 못해서 부득이 머릿수로 견딜 수밖에 없다고 우리 모두가 솔직히 인정하고 합의한 바라면 어쩔 수 없다. 거기서 시작하면 될 일이다. 그러나 그게 아니라면 무엇인가. 4차 산업혁명을 일상적으로 운위하는 시대에 우리 뇌리는 여전히 양적量的 노동력이라는 집단 주술呪術에 사로잡혀 있던지 혹은 인구재앙 담론이 감추고 있는 수상한 이데올로기에 포획되어 있는 건 아닌가.

마침 최근에 일본의 대표적 경제학자 요시카와 히로시는 인구가 경제를 좌우한다는 사회통념과 달리 적어도 경제성장과는 무관하다는 논지의 책(『인구가 줄어들면 경제가 망할까』)을 낸 바도 있으니, 기왕의 인구재앙 담론에 몇 가지 시비를 좀 걸어볼 요량이다. 우선, 현재 우리나라 인구담론은 문제지점에만 굵은 밑줄을 그어대는 반면에 목표지점에 대해서는 모호함을 드러낸다. 국가와 사회 자원을 배분하는 방식 자체가 하나의 목표이며 정책이 얼마나 효과적인지도 목표가 있어야 측정과 평가가 가능하다. 인구문제에 있어서 최우선 정책목표는 출산율을 어떻게든 높이는 게 아니라 적정인구optimal population의 수준이 돼야 한다.

정책 모색과 연구가 없는 게 아니었다. 2006년 한 연구에 따른 한국 적정인구는 4,350~4,950만 명이고 같은 해 보건복지부가 제시한 규모는 4,900~4,950만 명이다. 2018년 1월 현재 우리 인구는 5,200만 명이다. 그런데 어떤 이유에선지 적정인구 논의가 보이지 않는다. 적정인구규모는 관점에 따라 다양한 시나리오가 존재할 수 있다. 경제와 사회복지, 환경 관점에서 가장 바람직한 수준의 삶이 기대되는 인구규모가 다를 수 있다. 그래서 각각의 시나리오를 공론화하고 사회적 합의를 만들어 내는 것이 중요하다. 그래야 우리 공동체가 무엇을 위해 어디로 가야하는지를 알고 함께 노력할 거 아닌가 말이다.

그러한 사회적 합의에 도달하였다면 다음으로 우리는 그런 관점에서 보았을 때 지금 우리사회의 현실은 어떠한지를 전면적으로 성찰하고 변화하려 노력해야할 것이다. 지금 이 땅에 아이들이 많아지면 행복지수 밑바닥인 우리 아이들은 더 행복해질까. 갖은 노력으로 아이를 더 낳은들, 그 아이들은 여전히 어려서부터 갖은 학원을 전전할 것이고 좀 더 커서는 이 땅의 공무원 되기 위해 또 학원가를 배회할 것이라면 부모는 천상천하 제 자식만 감싸며 무슨 수를 써서라도 무한 경쟁에서 살아남아야 한다고 가르칠 것이고 그렇게 자라 사회에 던져진 아이들은 '지옥한국(Hell 조선)'의 아우성을 높일 뿐이라면.

청년실업과 산업현장 인력부족은 해소될까. 아이들이 늘어나들 그들이 더럽고 힘들고 위험한 공장이나 건설현장, 뱃일, 간호 간병서비스나 식당 설거지 일을 찾아갈까. 오늘의 구인구직 미스매치는 사라질까. 그 공백은 상당부분 더 나은 삶을 위해 이땅을 찾는 이주민이 메울 것이 분명한 현실이다. 양질의 일자리 창출과 아이 더 낳기는 별개의 것이고 오히려 급한 문제 중 하나는 우리 이웃이자 공동체 구성원이 되고 있는 이방인에 대한 근거 없는 우월감과 소아병적 편견과 차별부터 반성하는 일이 아닐까.

아이들이 많아지면, OECD에서 멕시코 다음으로 높은 우리나라 산업재해 사망자는 저절로 줄어들고 한 해 4천 명에 달하는 보육원 입소아동도 줄고 OECD 최악인 노인빈곤율과 노인자살률은 절로 나아지며 미국 다음으로 저임금계층이 많은 한국 현실은 바뀔까. 세상 모든 것을 오직 나의 물질적 손익을 기준으로 재단하는 사회, 내 집값 떨어뜨리는 건 모든 게 혐오시설이고 대학생들 기숙사도 못 짓게 하면서 무슨 인구절벽을 탓하랴. OECD 국가들 중 가장 높은 수준의 사회갈등과 불신풍조를 가진 사회문화와 시스템을 그대로 두고 인구만 늘어난들 이 사회는 더욱 더 부박하고 각박한 사회가 될 공산이 크다.

인구人口가 아니라 인간人間에 대한 성찰이 필요하다. 자연의 생태계가 그러하듯 사람 사는 사회에서 인구는 더도 말고 덜도 말고 적정규모가 필요하다. 그 적정성의 최우선 기준은 산업현장 인력부족도 연금재정고갈도 아니다. 합계출산율이나 인구대체수준, 학령인구, 생산가능 인구, 노인인구부양비 같은 수치나 성장잠재력, 국가경쟁력 같은 거시 지표도 아니다. 이 모든 물화物化된 개념들로 조립된 물신物神적 인구재앙 담론이 정작 말하지 않고 돌아보지 않고 있는, 이 땅에 한 사람 한 사람, 사람들과 사람들의 삶, 그리고 오로지 내 삶뿐만이 아니라 내 옆에서 함께 살아가는 다른 사람(他人)의 삶들이 과연 어떠해야 하는지가 인구 적정규모의 최고 기준이 돼야 한다.

오로지 나와 내 식구, 내가 속한 집단만의 좀 더 나은 삶, 안온과 풍요를 대물림하고 영속적으로 유지하기 위한 숙주로서 희생이 되어줄 더 많은 인구가 필요하다는 생각이 우리들 무의식의 저변에 자리 잡고 있는 것은 아닌지 정말 깊이 성찰해 보아야 한다.

주차전쟁, 입시전쟁, 취업전쟁, 피서전쟁, 청약전쟁. 삶의 곳곳이 전쟁戰爭인 사회에서 아닌 게 아니라 머릿수가 젤로 필요할지 모른다. 한국은 여전히 만원滿員이다. 적어도 1인당 국민소득이 수년째 3만 불 언저리를 맡돌고 있는 탓을 이 땅에 발 딛고 사는 머릿수의 부족으로 돌리는 게 지배담론이라면. 그리하여 이 사회의 영속을 위한 최후의 보루는 오늘 21세기에도 여전히 거대한 공장처럼 효율적으로 작동하는 밀생密生시스템 뿐이라는 담론이 득세하는 한 그렇다. 유아독존 각자도생의 말세적 징후에 대해서는 한 뼘의 성찰도 없이, 극소수의 강자가 여전히 지금도 넉넉한 곳간이 행여 줄어들까 전전긍긍하는 약육강식의 담론이 이 사회를 지배하는 한 그렇다.

4부

어진내仁川는 세계로 흐른다

인천의 내항을 시민의 품으로*

지난 2001년, 50년 만에 시민의 품으로 돌아온 월미산이 되돌려준 것은 잘 보존된 자연과 휴식 터와 황조롱이만이 아니다. 월미 산이 아니고서는 절대 드러나지 않을 내항內港의 전경이 한 눈에 가득 들어와 저절로 탄성을 자아내게끔 하는 것도 빼놓을 수 없는 월미산의 자랑이다. 그런데 월미산 정상에 올라설 때면 가슴이 답답하다. 언제쯤이면 저 푸른 50만 평의 내항이 시민의 곁으로 다가와 느끼고 품어 안을 수 있을까 하는 생각 때문이다.

* 《인천일보》 2003년 9월 18일자 게재. 월미산에 잘 조성된 공원길을 따라 올라 정상에 서면 서쪽으로는 강화도를 배경으로 영종도에 자리 잡은 인천국제공항과 인천대교, 영종대교가 펼쳐지고 뒤를 돌아보면 자유공원과 그 아래 개항장 조계지와 인천내항이 한눈에 들어온다. 내항은 특히 절경이다. 당시 필자는 인천광역시 관광개발기획팀장으로 근무했는데, 그 이후 2014년 항만공항해양국장으로 2016년에는 문화관광체육국장으로 내항관련 재개발사업에 부분적으로 관계하였다. 그 사이 송도국제도시에 컨테이너항이 문을 열었고 내항에 있던 국제여객터미널 이전 부두와 크루즈전용부두까지 마무리 단계에 와 있지만, 필자가 명명한 식으로 보아 정작 내항 환원 프로젝트는 15년이 지난 지금에도 그 진척이 더디기만 하다. 글을 다시 읽으면서 미흡한 부분이 여럿 있으나 문제의식은 여전히 유효하다고 생각하여 가감하지 않았다.

'내항 환원 프로젝트'는 인천 정수精髓의 복원이자
260만 인천 시민의 삶의 질을
그야말로 세계도시world-class city에 걸맞게 격상시키는
전기가 될 것이요, 세계에 내놓아도 손색없는
관광레저항으로서 수많은 부가가치를 창출할 수 있는
발전전략이기도 한 것이다.

유수의 지역신문에는 내항을 비롯해서 북항과 남항 그리고 송도 신항만 확충과 개발의 목소리가 연일 머리기사로 장식되고 있다. 21세기 국제물류 변화에 능동적으로 대처하고, '시민의 꿈'인 동북아 허브포트를 건설하기 위한 절박하고 부산한 움직임들이 자못 의욕적이고 왕성하다. 그러나 정작 여기에 260만 인천시민의 일상적 요구와 삶의 질이라는 맥락은 간과되고 있다는 느낌이다. 내항의 기능 전환 혹은 해운물류기능의 단계적 축소는 불가피한 현실이지만 남항과 북항, 송도 신항만 개발논리에 밀려 방치될 운명의 것은 아닌 것이다. 바로 지금이 내항 환원의 로드맵을 수립할 때다. 월미산은 귀환하였지만 내항은 아직까지 시민의 품으로 돌아오지 못했다. 내항은 시민에게 환원되어야 한다.

인천항은 우리 시민들에게 어떤 이미지로 각인되어 있을까. 인천에서 초 · 중 · 고등학교를 졸업하고 30년을 넘게 살아 온 내게 인천항은 호기심과 관심의 대상이었다가 반감과 원망과 거부감을 거쳐서 현재는 무관심으로 바뀌어 왔다. 동양 최초의 갑문식 도크로서의 역사성은 있을지 몰라도 내가 알지 못하고 내가 친근하게 다가서지 못하는 항구를 자랑할 수는 없는 노릇인 것이다.

'내항 환원 프로젝트'는 인천 정수精髓의 복원이자 260만 인천 시민의 삶의 질을 그야말로 세계도시world-class city에 걸맞게 격상시키는 전기가 될 것이요, 세계에 내놓아도 손색없는 관광레저항으로서 수많은 부가가치를 창출할 수 있는 발전전략이기도 한 것이다.

어떤 면에서 보면 내항 환원 프로젝트는, 작금에 온통 서울시정의 화두가 되어 있는 청계천복원프로젝트와 맥락을 같이 한다. 청계천 복원과 내항 환원은 다 같이 일제 식민시기와 해방 후 압축성장기에 이루어진 침탈과 성장 위주의 개발 역사를 극복한다는 의의를 지닌다. 이 두 가지 프로젝트는 다 같이 친환경적 도시공간의 조성이지만 거기에 그치지 않고 서울과 인천의 역사성과 문화성의 복원으로 이어진다.

인천시가 더욱 의미심장하게 천착해야할 대목은, 청계천복원사업이 천백만 서울시민들의 이목과 관심을 집중시키며 시 정부 곁에 성큼 다가서게 했다는 사실이다. 교통난과 대기오염, 사교육 열풍과 집값 파동으로 찌든 서울시민들에게 청계천 복원은 듣는 것만으로도 청량감을 안겨 주었다.

인천 내항의 환원 프로젝트는 청계천복원사업과 비슷한 가치를 가지면서도 그 성공을 위해 넘어야 할 어려움은 훨씬 적다는 장점도 가지고 있다. 그러나 지금부터 미리미리 체계적으로 준비해야만 하는 필요성과 시급성이 있다. 그것은 바로 이곳을 무대로 전개될 각종 개발계획들이 난삽하게 얽혀서 회복하기 어려운 지경에 이르지 않도록, 하나의 통합 마스터플랜에 정합적으로 종속시켜 나가야 한다는 점이다. 월미관광특구계획, 해양수산부의 인천항발전계획, 제2외곽순환고속도로 등 도로계획, 수인선과 경인선의 건설 및 정비계획, 지방자치단체의 도시개발계획, 민간부문의 투자계획들이 중구난방으로 진행되지 않도록 하는 설득력 있게 잘 정리된 로드맵이 필요하다는 것이다.

내항환원 프로젝트는 그 자체로도 심대한 의미를 가지지만, 이로 인해 인천시정의 전략적 과제에 미칠 파급효과도 만만치 않다. 그 첫 번째 효과는 260만 시민이 방관자적 입장에서 적극적인 참여자이자 지지자로 바뀌는 것이다. 지난 월드컵에서 표출된 한국인의 성정이 역동성dynamic으로 대변되듯이, 개항 100년의 역사를 뒤로 하고 저 심원에 모래알처럼 가라앉아 있는 인천시민들의 뜨거운 합심과 합력의 에너지를 분출시키는 프로젝트가 되지 말란 법이 없는 것이다.

가족들과 손잡고 향유하는 근대 개항장의 역사와 독특한 워터프런트, 해상레저문화를 일상성으로 가질 수 있는 것이 인천시민 만이 누릴 수 있는 특권이 된다면 하릴없이 갖다 붙이는 정주성定住性의 부재도 옛말이 되리라.

인천으로의 초대*

2009년의 태양이 동쪽 하늘을 발갛게 물들이며 솟아올랐다. 한파에 움츠러든 일상을 녹이고, 어두운 그림자를 드리우고 있는 국가경제에도 희망을 비추어 주기를 기대한다. 특히, 인천에 있어 2009년의 시작은 남다른 기대와 설렘과 함께 온다.

2009년은 국가의 공식 지정을 받은 '인천방문의 해'이자 지난 1993년 대전에서 엑스포가 개최된 이래 최대 규모의 종합문화 행사인 '2009인천세계도시축전'이 80일 동안 성대하게 펼쳐지는 해이다. 인천국제공항에 발을 디딘 수많은 외국인들을 송도국제도시로 건네줄 자랑스러운 인천대교가 그 개통을 보게 되는 해이기도 하다. 이렇듯 나라 안팎 사람들의 발길과 이목이 집중될 2009년은 인천의 역사에 뚜렷한 획을 긋는 한 해가 될 것이다.

* 《인천일보》 2009년 1월 9일자 게재. 이 때 필자는 인천세계도시축전조직위원회 총괄기획팀장으로 일했다.

'짠물' 인천이라는 오랜 도시 이미지는
지나온 역사적 사실과는 사뭇 다른 것이어서,
인천처럼 너그럽게 보듬어 안고 키워 둥지를 떠나보내는
어머니의 품 같은 도시는 다른 어디에도 없는 것이다.

이 대목에서 잠시 근현대사를 돌이켜 보면, 인천이란 도시는 참으로 많은 세력과 사람들의 방문과 더불어 부침하였다. 멀리 갈 것도 없이 프랑스함대가 강화도 앞바다를 거슬러 들어 온 이래 일본제국주의가 제물포의 개항을 강요하였었다. 화도진에서 미국과의 수호통상조약이 체결되고 일본과 청국, 미국과 영국 독일제국주의가 그들만의 합의로 조계지를 설정하였다. 세계열강들의 조계지를 중심으로 개항장은 근대 서구문물이 맨 먼저 들어오고 통상이 전개된 개화의 선구지가 되었다. 조계지로 몰려온 나라밖 사람들에게 인천은 기회의 땅이었으나 기실 그들은 초대받지 않은 손님들이었고 인천사람들은 주변부화 되어 갔다.

해방이후 인천은 혼합적 인구구성과 다문화의 압축판이었다. 이북의 사람들이 자유를 찾아 와 정착하고 이남의 사람들이 기회를 찾아 와 둥지를 틀었다. 산업화시대 부평과 주안의 공장 불빛아래 모여든 전국의 젊은 노동력들이 유례없는 경제성장의 밑거름이 되어 주었고 이제 세계화의 시대를 맞아 수많은 나라밖 이주노동자들로 붐비는 다문화의 고장이 되었으되, 그 과실은 정작 거대한 서울로 유입되었다. 인천은 그래서 많은 사람들에게 기회의 땅이었으되 그것을 기반으로 딛고 떠나고 싶은 도시가 되었고 정체성이 부재라는 딱지를 질곡으로 곱씹어야 했다.

그러고 보면, '짠물' 인천이라는 오랜 도시 이미지는 지나온 역사적 사실과는 사뭇 다른 것이어서, 인천처럼 너그럽게 보듬어 안고 키워 둥지를 떠나보내는 어머니의 품 같은 도시는 다른 어디에도 없는 것이다. 다만, 인천은 수많은 사람들이 저마다의 욕구를 가지고 찾아 온 곳이되 이제까지 제대로 된 '도시에의 초대'를 해 본 적이 없었을 뿐이다.

그런 인천이 인천국제공항 개항을 기점으로 거대한 용틀임을 시작하더니, 바다를 메워 터를 잡고 다리를 놓아 세계인과 자본을 유인하고 그들의 꿈을 현실로 나라의 미래를 품안에서 부화시키고 있는 것이다. 2020년까지의 원대한 비전을 펼쳐 보이며 이제 2009년, 인천은 스스로의 역사 이래 최대의 잔치마당을 열고 온 세계와 온 나라 사람들을 소리 높여 부르게 된 것이다. 이런 주체적인 시각에서 보자면, 2009년은 인천방문의 해가 아니라, 인천 초대의 해라 불러야 좋다.

손님을 초대하고 제대로 대접하는 일은 쉬운 게 아니다. 초대는 최대한의 예의를 갖추되 치밀한 전략적 목적도 갖는 것이다. 그것이 친선이든 비즈니스건 간에 초대받은 사람들에게 즐거움과 보람, 감동을 주어야 하는 것이다. 초대한 호스트의 역량을 맘껏 보여주어야 한다. 그것이 시민의 힘이고 시정부의 힘이다. 친절로 길을 닦고 웃음으로 안내할 일이다. 인천의 다양성을 자랑하는 시민들이 전국에 살고 있는 가족과 친지를 초대할 일이다. 인천의 개방성을 자랑하는 시민들이 지구촌 곳곳에서 찾아온 세계인들과 어울려 왁자한 잔치를 벌이며 도시 전체를 들썩일 일이다.

손님들이 돌아갈 때 알토란같은 선물 보따리도 싸 주어야 한다. 어떤 이에겐 잊지 못할 추억과 감동을, 아이들에겐 미래의 꿈과 이상을, 어떤 이에겐 손에 잡힐 듯한 기회를 한 아름 안길 일이다. 그리하여, 이구동성으로 제대로 초대받았다고 인천을 칭송하게 할 일이다. 초대받아 갈 만한 도시, 초대할만한 능력과 자질을 가진 도시로 자리매김할 일이다. 정녕 2009년을 인천초대의 원년으로 만들 일이다.

「시민의 노래」를 아시나요?*

인천이 녹색기후기금GCF이란 대어를 낚는데 성공하면서 이를 어떻게 요리해야 시민들의 삶을 건강하게 살찌울 수 있는가에 대해 관심과 논의가 무성하다. 크게 봐서, GCF를 활용해서 제네바 같은 '국제기구도시'를 만들어야 한다는 것과 GCF의 가치철학과 어울리는 '모범적 녹색도시'로 거듭나야 한다는 주문이다. GCF는 우리에게 도시의 비전과 발전전략을 새롭게 짜는 과제를 장밋빛 청사진과 함께 준 셈이다. 생각이 여기에 미치다보면 뇌리 한 구석에 찜찜하게 남아있던 고민거리 하나를 새삼 들춰보지 않을 수 없다.

"여명이 아시아에 비칠 때부터/한양 길 굽이굽이 백리를 뚫고/흰 물결 넘어 넘어 사해를 펴서/자라온 인천항구 우리의 고장/한없이 뻗어나갈 길을 위하여/우리 손 모아보자 마음도 함

* 《인천일보》 2012년 12월 4일자 게재.

바닷길에서 하늘 길로,

밖에서 열강의 함대가 밀려오고 밖으로 미곡이 반출되던 곳에서,

반도체가 실려 나가고 외국 관광객이 밀려드는 제2의 개항,

이런 제2의 개항이 없었다면 GCF 유치는 없었다.

제2의 개항 이래 10년 남짓 걸린 GCF는,

어떤 의미에서는 인천에게 제3의 개항

또는 적어도 제2 개항의 2.0 버전이다.

께.” 1955년 12월 23일 제정돼 반세기 넘게 불리는 「시민의 노래」 1절이다. 시민의 노래란 도시와 시민들의 삶이 걸어온 길(史)과 나아가야 할 바(像)를 압축적으로 상징하는 것이다. 여기에는 도시의 정체성과 공동체의 인식지평이 담겨 있어야 한다.

가사에서 보듯 인천사람들의 인식지평의 출발점은 개항開港이고 정체성의 요체는 항구도시였다. 그러나 '여명이 아시아에 비칠 때' 한국 개화의 요람으로 1883년 세계를 향해 문이 열렸으되, 청일·노일전쟁의 전장戰場이자 태평양전쟁 병참기지로, 6·25전쟁 때는 인천상륙작전의 교두보로 그 운명이 파란만장했다. 그래서 2절은 이렇게 노래한다. “여기서 겪은 치욕 몇 번이던가/또다시 찾은 환희 또한 얼만가/나라의 슬플 때나 즐거울 때나/다녀간 의인지사 헤일 수 없어/그 임들 뜻을 받아 세워갈 항구/빛내자 우리 인천 만국의 문호.”

민족상잔의 참화를 딛고 압축적 산업화와 고도 성장기에 접어들며 3절은 이렇게 희망을 부른다. “저 바다 뜬 배에도 뜻은 있어라/우렁찬 산울림에 기적 소리도/하늘을 휘어 덮는 공장 연기도/내 고장 인천항구 숨 쉬는 모습/문학산 줄기마다 서기가 차고/월미도 넘는 희망 끝이 없고나.” 1973년 발간된 시사市史는 당시 경인공업지대의 중핵도시로 인천항이 갑문도크를 짓고 경인선을 전철화하고 경인고속도로로 서울에 닿는 위성도시 인천을, 국제도시의 면모를 갖춘 도시라고 감격스러워 하고 있다. 당시 인천은 인구 70만의 항구도시, 공업도시이자 위성도시였다.

그런데, 2001년 3월 28일 동북아 허브로 문을 연 인천국제공항으로 인천은 탈피脫皮하기 시작했다. 제2의 개항을 한 셈이다. 바닷길에서 하늘 길로, 밖에서 열강의 함대가 밀려오고 밖으로 미곡이 반출되던 곳에서, 반도체가 실려 나가고 외국 관광객이 밀려드는 제2의 개항, 이런 제2의 개항이 없었다면 GCF 유치는 없었다. 제2의 개항 이래 10년 남짓 걸린 GCF는, 어떤 의미에서는 인천에게 제3의 개항 또는 적어도 제2 개항의 2.0 버전이다. 국제기구가 들어오고 인류의 미래를 다룰 국제회의가 들어오고 국제적 사업들을 풀어갈 자금이 모여들고 국제기구 직원들과 가족들, 세계 곳곳의 비즈니스맨들이 들어와 살 것이다.

도시와 시민들의 삶이 걸어온 길(史)은 고스란하지만 나아가야 할 바(像)는 분명 많이 달라졌다. 과거를 기억하고 간직하는 것과 현재를 인식하고 미래를 추구하는 것, 즉 현재와 미래를 노래하는 것은 다르다. 「시민의 노래」를 먼지 쌓이는 유물遺物로 남겨둘 것인가, 오늘에 맞게 옷을 갈아입히고 꿈과 의지를 담아 새로 만들 것인가, 아니면 적어도 인천의 상전벽해를 담아 4절과 5

절을 계속 만들어 나갈 것인가? 고민해 볼 문제다. 그렇지만 도무지 '하늘을 휘어 덮는 공장연기도 내 고장 인천항구 숨 쉬는 모습'으로 마냥 부르기에는 맘이 편치 않은 것이다. 내년(2013년)은 1883년 개항된 지 130년이 되는 해다.

어진내仁川는 세계로 흐른다*

40여 개 나라에 2만 명의 직원을 둔 투자컨설팅 기업 머서Mercer는 매년 '살기 좋은 도시' 보고서를 발표한다. 이게 중요한 이유는 다국적 기업들이 투자할 곳과 글로벌 인재들이 일할 곳을 선택하는 유력한 기초가 돼 왔기 때문이다. 정치와 사회, 경제와 자연환경, 교육과 의료, 교통과 공공서비스, 소비재와 주택 및 레저와 문화생활 등 10개 범주 39개 요소를 분석한 보고서에는 비엔나와 취리히, 제네바와 코펜하겐, 오클랜드와 시드니 그리고 밴쿠버 같은 도시들이 당당히 이름을 올리고 있다. 시민의 삶의 질을 높이고 세계의 투자와 인재를 불러 모으려는 도시라면 꼭 참고해야할 지표인 셈이다.

인천은 조사대상에도 없다. 몇 해 전 필자는 인천을 포함시키기 위해 이 회사와 수차례 협의한 바 있으나 쉬운 일이 아니었

* 《인천일보》 2013년 9월 24일자 게재.

다. 그랬는데, 세계적 리서치 기관인 이코노미스트 텔리전스 유닛EIU의 '세계 도시 미래경쟁력' 보고서에 '인천'이 등장했다. 세계 120개 도시들의 2012년 현재와 2025년 미래 경쟁력을 분석한 이 보고서는 자본과 기업, 인재와 관광객을 끌어 모으는 총체적 힘을 도시경쟁력으로 정의하고, 경제력과 인적·물적 자본, 금융 성숙도, 법과 제도 · 사회문화적 특성, 환경적 지속가능성 그리고 국제적 매력도 등 8가지 범주에서 도시들을 비교 평가한다.

보고서는 뉴욕을 필두로 런던과 싱가포르, 홍콩과 도쿄, 시드니와 파리, 스톡홀름과 시카고 그리고 토론토 등을 2025년에 최고 수준의 경쟁력을 갖게 될 도시로 꼽았다. 그때쯤 우리나라 서울은 15위에, 뒤이어 인천은 43위에 있을 거란다. 더욱 고무적인 것은 지금부터 2025년 사이에 도시 경쟁력이 가장 비약적으로 상승할 도시가 인천이라는 전망이다. 그것도 세계에서 두 번째로 말이다.

그러나 잠시 차분하게 이 보고서의 중요한 함의 한두 가지도 생각해보자. 첫째, 보고서가 인천의 강점으로 평가하고 있는 요소를 한층 더 확고하게 특화해야 한다. 동북아시아의 비즈니스, 물류와 레저 허브를 이끌 동력은 세계 수준의 공항과 항만·교통 기반에 대한 투자와 경제자유구역의 개발에 있다고 보고서는 말

EIU는 매년 세계 140개 도시에 대해
안정성과 의료, 교육과 문화, 각종 기반시설 등
5개 범주 30개 요소로 편리성과 만족도를 조사한
'살기 좋은 도시' 보고서를 따로 낸다.
도시의 경쟁력은
그것이 시민들이 살기 좋고 일하기 좋은 도시로 귀결될 때
유효하고 의미 있는 것이다.

한다. 사실 이게 새로운 건 아니다. 2010년 영국 〈가디언〉, 2011년 미국 CNN과 〈월스트리트저널〉, 2012년 프랑스 Canal+ 방송은 연달아 송도국제도시가 환경과 기술을 결합한 세계적·이상적 미래도시라고 엄지를 치켜세웠다. 2009년에는 세계적 경제학자 자크 아탈리, 2010년에는 『석유종말시대』를 쓴 스타이너, 2011년에는 비즈니스 석학 카사르다가 공항을 기반으로 계획된 정주환경을 갖는 새로운 도시모델이 송도라고 입을 모았다. 이번 EIU 보고서도 인천국제공항과 송도에 결정적 점수를 준 거다. 송도가 분명 인천의 경쟁력과 미래를 상징하는 엄연한 사실적 브랜드이자 자산이 됐음을 기억하자. 이런 강점을 특화하면서 동시에 그 외연을 300만의 도시 전체에 순기능적으로 확장하는 전략적 고민과 함께 말이다.

둘째, 도시의 경쟁력은 과연 무엇을 위한 것이냐는 물음에 답해야 한다. EIU는 매년 세계 140개 도시에 대해 안정성과 의료, 교육과 문화, 각종 기반시설 등 5개 범주 30개 요소로 편리성과 만족도를 조사한 '살기 좋은 도시' 보고서를 따로 낸다. 2012년 조사 결과 멜버른과 시드니, 밴쿠버와 토론토, 비엔나와 헬싱키 등이 손에 꼽힌다.

도시의 경쟁력은 그것이 시민들이 살기 좋고 일하기 좋은 도시로 귀결될 때 유효하고 의미 있는 것이다. 살기 좋고 일하기 좋은 도시로 세계에서 손꼽히는 인천, 이것이 2020년쯤 우리가 도달해야 할 이정표가 아닐까. 유유히 세계로 흘러갈 어진내仁川의 이정표다.

해양생태계의 보고, 강화갯벌*

천성산과 도롱뇽 소송 그리고 비구니 지율을 아는가. 한두 번도 아니고 달을 넘기는 단식을 세 번이나 하고서도 지금 또다시 80일째의 단식을 이어가고 있는 스님, 그의 몸은 이미 이승을 떠났다고 의사는 말했다 한다. 의식적으로 자신의 목숨을 순간순간 사르며 꺼뜨려가고 있는 한 생명을 두고 '아마도 최후를 준비하는 듯하다'며 덤덤하게 소식을 전하는 언론의 보도는 얼마나 비정한가.

하긴 오늘날 같이 힘들고 험한 세상에 가난과 질병, 불의에 의해 포악하게 저버림을 당하는 목숨이 한둘일까만, 지율스님과 천성산은 '대형국책사업'이라는 이름이 현실적 공권력을 그 대립

* 《인천일보》 2005년 1월 21일자 게재. 필자는 당시 국정홍보처에서 1년간 근무 중이었다. 소위 '천성산 문제'에서 도무지 접점을 찾지 못한 채 지율 스님의 죽음을 목도할 것만 같은 절박함 속에서 이 글을 썼다. 다행히 2005년 2월 3일 스님은 단식을 끝냈다.

항으로 하는 까닭에 더욱 참담함을 느끼는 것이다. 정부라고 왜 하고 싶은 말이 없고 내세울 타당성이 없겠는가. 게다가 이미 인간의 거의 모든 존재성과 가치들이 철저히 물화되고 소외된 현대사회의 몰인정도 어쩔 수 없다 치자. 그렇더라도 세상없어도 움직일 것 같지 않은 철벽 바위에 대고 혼신으로 계란이 되어 부딪히고 있는 그이의 들릴 듯 말 듯 하였을 한마디가 쉽게 뇌리를 떠나지 못하고 있다. "마르고 있는 것은 제가 아니라 우리의 산과 샘, 개울이라는 것을 기억해 주세요."

나는 대개의 사람들처럼 경부고속철도의 천성산 관통 터널공사와 관련된 소위 '천성산 문제'의 본질과 그것을 둘러싼 대립과 갈등, 바람직한 해법 등 상세한 면면에 대해 잘 알지 못한다. 그럼에도 불구하고 천성산을 지키려는 가냘프지만 준엄한 지율스님의 타들어가는 목소리가 우리들의 마음과 현실에 울리고자 하는 최소한의 반향에 대해서는 생각해보아야 한다는 것을 밝히고 싶을 뿐이다.

지율스님의 울림에 대한 최소한의 공명共鳴은 결코 거창한 게 아니다. 이 문제에 대한 접근과 대책에 있어서 청와대와 정부에게 특단의 조치를 요구하는 것도 아니요, 가뜩이나 팍팍한 세상살이에 지쳐서 당장에 내 일이 아닌 것에 대해 철저한 무관심에

해안 최후의 하구갯벌이면서
세계에서도 다섯 손가락 안에 드는 강화갯벌은
가히 해양생태계의 마지막 보고로 일컬어진다.
뿐만 아니라 지역주민의 삶과 상생할 수 있는
세계적인 갯벌생태관광 모델이 될 수 있는 곳이다.

익숙한 보통의 민초들에게 경각심과 실천적 참여를 호소하는 것도 아니다. 최소한의 공명이란 우리가 살고 있는 가까운 곳에 또 다른 이름의 천성산은 없는 지 정도를 한 번 살펴보자는 것이다. 없다면 천만다행이겠거니와 만일에 있다면 이에 적극 대처하여 천성선 문제와 같은 또 다른 극단적 전개를 막고, 사람과 자연 그 생명의 가치에 부합하는 방향으로 문제를 해결해 나가야 할 것이다. 이쯤에서 나는 강화의 갯벌이 자꾸 생각난다.

서해안 최후의 하구갯벌이면서 세계에서도 다섯 손가락 안에 드는 강화갯벌은 가히 해양생태계의 마지막 보고寶庫로 일컬어진다. 뿐만 아니라 지역주민의 삶과 상생할 수 있는 세계적인 갯벌생태관광 모델이 될 수 있는 곳이다. 그런데 이 귀하고 가치있는 존재가 지금 '광포한 개발논리' 때문에 바람 앞의 등불처럼 위태롭기 그지없어 보인다. 강화갯벌을 도막내서 개발에 굶주린 이들의 구미에 맞게 요리할 준비는 충분히 되어 있는 듯싶다. 전략적 포지셔닝positioning을 결여한 채 지역개발의 논리를 빌어 전개되는 크고 작은 개발 사업들도 그러하거니와 우리 인천의 미래가 될 도시기본계획에서도 이미 강화갯벌은 소외되고 있다. 천연기념물이라는 이름 안에 이미 멸종위기 상태를 내포하고 있듯이, 그 419호인 강화갯벌의 보전과 지속가능한 활용을 위해서는 소극적 보호에서 한걸음 더 나아간 근원적 정책과 장치가 절실한 시점이다. 거기에 도달할 때까지 이 일대에 드리워지게 될 수많은 개발계획들은 강화도 남단에 펼쳐진 저 광활한 738㎢의 갯벌에 대해 최우선으로 고려하고 배려해야 할 것이다.

가까운 미래의 어느 날, 천성산의 수많은 단층대와 늪지, 거기에 더불어 사는 생명들 그리고 그것들을 지키고자 했던 한 사람이 처절하게 스스로를 불사르며 희구했던 생명의 가치를 훼손한 채 뻥 뚫고 달리는 고속철도 안에서 우리의 마음은 얼마나 스산할 것인가. 천혜의 갯벌과 그 품안에 사는 수많은 생명들의 등허리에 교각을 박고 내리뻗은 다리와 도로 위를 달리면서, 한 때 여기가 이 지구에서 가장 값진 갯벌의 하나였노라고 아이들에게 고백하려는가.

채 백 년을 제대로 살지 못하는 개별적 인간들에게 있어서 '산중인'이라는 말만큼 두려운 것이 없다. 특단의 변화가 없는 한 금명간에 우리는 지율스님의 운명을 목도하게 될 지도 모른다. 차마 그래서는 안 될 일이다. 만약 그리되면 우리 동시대인들은 비록 21세기의 전반부에 짧은 삶의 족적을 남긴 채 가뭇없이 사라져 갈 테지만, 그 전에 분명 두렵고도 경악스러운 화인火印 하나를 안고 살 것만 같다.

내가 대단하고 신실한 환경론자가 아니더라도 그저 내 앞에 주어진 나날의 삶에 바빠서 거기까지 돌아볼 겨를조차 없었더라도, 다름 아닌 우리의 자손들이 분명 우리를 '개발과 파괴의 산증인'으로 지목할 것은 틀림없기 때문이다. 자각과 다양한 실천의 모색이 절실한 때다. 지금 준비하고 시작하지 않으면 저 천혜의 강화갯벌은 개발의 논리로 무지막지하게 다가올 현실정책에 의해 무기력하게 스러지고 말 것이다.

아직은 음력 섣달과 정월, 새로운 희망과 비전을 얘기할 때다. 올 한 해 펼쳐질 우리 지역사회의 다사다난함 속에서 진지하게 부여잡아야 할 화두가 아닌가 싶다.

강화갯벌, 국립공원으로 만들자*

강화를 어찌할 것인가. 강화를 미래지향적으로 바람직하게 발전시킬 실마리는 무엇일까. 천혜의 강화갯벌을 국립공원國立公園화함으로써 강화를 살리고 나아가 우리나라에서 생태관광자원개발의 한 전범으로 만들어야 한다. 이것이 강화갯벌이 가지는 무한한 미래적 가치에 대한 천착과 강화도를 둘러싸고 중구난방으로 그때그때 달라져 온 다양한 개발사업들의 부침을 보면서 나름대로 내린 결론이다.

'웬 뜬금없는 갯벌국립공원?' 하는 반문이 있을 수 있겠으나 강화갯벌을 국립공원으로 하자는 방안이 나 만의 생뚱맞은 생각은 아니다. 이미 지난 1998년에 국립공원관리공단은 조사보고서를 통해 강화도 남단 해안습지의 국립공원화를 제안한 바 있다. 지난 15대, 16대 국회에서도 환경노동위원회와 본회의에서 이를

* 《인천일보》 2005년 2월 25일자 게재.

둘러싼 문제제기가 있어 왔다. 이제 다시 논의를 활성화하여 국립공원 지정에 필요한 타당성조사와 심의 등 법적 절차를 밟을 수 있도록 해야 한다.

그렇다면 왜 '국립공원'이어야 하는가. 갯벌국립공원은 배타적인 보존이나 개발이라는 양극단의 길을 지양하고 대신에 지속가능한 발전을 담보하는 최적의 방안으로 보인다. 지금까지 추진되어 온 습지보호지역 지정 방식이나 그밖에 단편적인 갯벌체험시설물 수준의 보존과 개발방식이 갖는 한계 때문이다. 전자는 포괄적인 보전과 관리의 내용을 담고 있지만, 규제와 제한에 따른 주민생활대책과 국민휴양지의 확대 등에 대해 구체적으로 담보하지 못한다. 후자는 강화갯벌의 가치와 미래를 지나치게 형해화形骸化 하는 것으로써 개발과 보전 어느 것도 제대로 추구하지 못하는 임시방편의 것이다.

다행히 갯벌국립공원의 추진에 있어 좋은 예가 독일에 있다. 강화와 더불어 역시 세계 5대 갯벌의 하나로 인정되는 독일 북해연안지역에 있는 홀스타인이 지난 1985년 세계 최초로 갯벌국립공원으로 지정되었다. 이곳 역시 지나친 규제와 제한에 대한 주민반대 등의 진통으로 국립공원 지정에 이르기까지 15년이 걸렸다고 하니 결코 쉬운 일은 아닐 것이다. 그러나 갯벌국립공원은

갯벌국립공원은

배타적인 보존이나 개발이라는 양극단의 길을 지양하고

대신에 지속가능한 발전을 담보하는 최적의 방안으로 보인다.

갯벌은 강화의 지속가능한 발전을 담보할

건강한 씨감자가 될 수 있다.

갯벌이 죽으면 강화도 죽는다.

갯벌을 살리면 강화도 산다.

이전에 농·어업을 영위하던 지역주민의 78%를 관광업에 종사할 수 있게 하였을 뿐만 아니라 연간 500만 명이 찾는 독일에서 가장 개성 있고 아름다운 휴양지로 이 지역을 변모시켰다. 지속가능한 개발과 합리적 환경보호의 모델을 보여준 갯벌국립공원의 비밀은, 전체 면적의 54%를 제한구역으로 45%는 완충구역으로 하고 나머지 1%를 지역주민과 관광객을 위한 휴양오락지로 구분하여 개발하고 보전한 데 있다.

그렇다면 우리가 '지금' 강화갯벌의 국립공원화를 제기하고 추진해야 하는 이유는 무엇인가. 한마디로 말해서 강화갯벌이 국립공원으로 지정될만한 기본적 토대가 머지않아 환원 불가능한 수준으로 파괴되거나 잠식될 수 있다는 우려 때문이다. 비 온 뒤 대나무 순 자라듯 러브호텔들이 강화도 곳곳에 흉물스럽게 진을 친 지 오래다. 태권도공원이니 평화공원이니 안보관광지니 온천과 스키장 개발이니 하는 임기응변적이고 근시안적인 개발사업들이 제출되고 폐기되기를 반복하고 있다. 여기에 최근 들어 남북관계와 통일, 경제발전을 명목으로 한 각종 사업계획이나 착상들이 부쩍 가시화되고 있다. 그런 와중에도 정작 그로 인해 파괴될 갯벌에 대한 고려는 어디에도 없으니 자칫 강화갯벌은 그 현재적·잠재적 가치를 드러내 보이기도 전에 소리 없이 죽어갈 수도 있겠다 싶다.

강화는 누구나 얘기하듯이 지연과 역사문화자원의 보고이다. 그러나 그 화려한 박물博物적 풍요로움이 오히려 다양한 개별 요소들의 가치를 하향평준화하는 측면이 있다. 이 때문에 제대로 된 개발전략에 혼란스러움을 야기하기도 한다. 그 결과 지금까지 시도되었던 수많은 개발논리와 사업들이 강화를 찾는 고객들에게 '핵심적 요소를 가진 차별화된' 강화를 제대로 각인시켜 수지 못했다. 아울러 궁극적으로 강화의 발전과 주민들의 삶을 성공적으로 견인하지도 못했다는 점을 지적하고 싶다.

마케팅의 관점에서 볼 때, 전략적 포지셔닝positioning을 결한 탓이다. 포지셔닝과 우선순위, 핵심요소의 브랜드화가 필요하다. 난마같이 얽히고설킨 실타래도 첫 매듭을 잘 찾으면 술술 잘 풀리는 반면에 잘못 끼워진 첫 단추는 나머지 단추들을 줄줄이 예외 없이 어긋나게 하게 마련이다.

갯벌은 강화의 지속가능한 발전을 담보할 건강한 씨감자가 될 수 있다. 갯벌이 죽으면 강화도 죽는다. 갯벌을 살리면 강화도 산다. 강화 갯벌의 국립공원화는 다른 산재한 빼어난 관광자원과 상승작용을 통해 강화, 나아가 인천을 지구촌에 경쟁력 있는 관광목적지 중 하나로 만들 것이다. 생태적 가치를 선호하고 추구하는 세계의 관광객들이 아시아 최초의 갯벌국립공원을 찾아올 것이다. 이들은 갯벌뿐만 아니라 갯벌과 더불어 강화가 간직한 세계문화유산 고인돌과 인삼, 화문석 그리고 숱한 역사자원의 매력에 흠뻑 빠질 것이다.

응답하라, 영흥화력*

㈜남동발전은 전력산업 구조개편에 따라 한국중부발전, 한국서부발전 등과 함께 한전에서 분리된 발전부문 자회사 6개 중 하나로 2001년 4월 2일 설립됐다. 서울 강남에 본사를 두고 영흥화력을 필두로 삼천포화력 등 6개 발전단지를 운영하고 있다. 남동발전은 우리나라 전체 발전용량의 10%이상을 담당하는데 그 절반가량이 영흥화력이다. 전력수급측면에서 보면 전국 전력사용량의 40%가 수도권 수요인데 그 중 20% 가량을 책임지고 있다. 현재 영흥에서 가동 중인 1~4호기 발전량만의 얘기다. 당장 내년에 준공되어 2015년부터 가동되는 87만kw 용량의 5·6호기를 포함하면 30%, 올해 초 제6차 전력수급기본계획에 반영된 7·8호기까지 치면 40%에 이르게 된다.

* 인천광역시 옹진군 영흥도에 입지해 있는 영흥화력발전소 증설과 관련한 문제점을 《기호일보》 2013년 12월 4일자와 2013년 12월 19일자, 두 차례에 걸쳐 기고하였다.

영흥화력은 호주와 인도네시아로부터 수입한 석탄을
하루 2만8천 톤, 연간 약 1천만 톤 사용한다.
인천의 모든 사업장에서 배출되는 전체 대기오염물질 중에서
최근 크게 문제되고 있는 초미세먼지는 차치하고라도
질소산화물의 38%, 황산화물의 78%를 영흥이 뿜어내고 있다.

영흥화력이 터 잡고 있는 인천의 입장에서 보면 문제는 사뭇 달라진다. 영흥에서 생산된 전기의 63%가 서울과 경기도 수요에 충당된다는 사실 때문만이 아니다. 영흥 말고도 이미 인천에는 크고 작은 70기의 화력발전소가 가동되는 '발전공장'이다. 이 가운데 영흥화력 1~4호기가 시설용량의 28%, 발전량의 39%를 차지한다. 정작 영흥이 '문제적'인 것은 유일하게 석탄을 땐다는 점이다. 영흥화력은 호주와 인도네시아로부터 수입한 석탄을 하루 2만8천 톤, 연간 약 1천만 톤 사용한다. 인천의 모든 사업장에서 배출되는 전체 대기오염물질 중에서 최근 크게 문제되고 있는 초미세먼지는 차치하고라도 질소산화물의 38%, 황산화물의 78%를 영흥이 뿜어내고 있다.

온실가스문제는 더욱 심각하다. 우리나라 온실가스배출 증가율은 OECD 국가 중에서 가장 빠른데, 인천은 그런 국가 평균치보다 4.5배 빠르게 증가하고 있다. 석탄을 때면 청정연료를 쓸때보다 온실가스가 50%이상 더 나온다. 그래서 영흥화력이 배출하는 온실가스가 인천 전체의 45%다. 2015년부터 5·6호기에서 또 석탄을 때면 그 비율은 55%를 넘게 되고 7·8호기마저 석탄을 때면 62%에 이르게 된다. 영흥도가 가히 온실가스의 '산실'이 될 뿐 아니라 2020년까지 인천 전체에서 달성하려던 온실가스 감축목표도 영흥화력이 무너뜨리게 된다.

그래서 2008년에 대기환경보전법 제42조 및 동법 시행령에서는 환경부장관 또는 시·도지사가 전국의 특별·광역시 및 주요 도시의 업무용시설 또는 발전시설에는 원칙적으로 석탄 같은 고체연료 사용을 금지하고 액화천연가스LNG와 같은 청정연료 사용을 명할 수 있도록 하였다. 다만, 전력수급 사정으로 인해 산업통상자원부장관이 환경부장관과 협의하거나 기존에 허용된 대기오염물질 배출량을 증가시키지 않는 예외적인 경우에는 별표의 규정을 두어 환경부장관이 고체연료 사용을 허용할 수 있는 여지는 남겨두었던 것이다.*

* 이 대목에는 고체연료 사용금지 권한은 장관이나 시·도지사가 할 수 있도록 한 반면,

영흥화력은 당초 3·4호기 준공을 앞둔 시점에 새로이 석탄을 때는 4기의 증설을 추진했으나 시민사회의 강력한 반대로 계획을 변경할 수밖에 없었다. 2009년 8월에 환경부장관은 예외적으로 석탄을 사용하는 증설은 5·6호기에 한정하고, 이후의 추가증설에는 기존의 배출허용총량 범위 내에서 청정연료만을 사용하는 조건으로 ㈜남동발전이 신청한 환경영향평가 협의를 해주었다. 결국 이 조건은 대기환경보전법상 석탄사용금지가 원칙이지만 5·6호기에 한해 예외적으로 허용하되 추후 증설할 경우에는 그 예외적 허용조차 배제한다는 분명한 재확인이었던 것이다.

이후 한동안 가라앉은 듯했던 영흥화력 7,8호기 증설추진은 2011년 말 다시 수면위로 떠올랐다. ㈜남동발전이 청정연료대신 석탄을 때는 7·8호기 증설을 위해 환경부에 협의를 신청한 사실이 알려진 것이다. 환경부는 이에 대해 2011년 12월부터 전문가 검토조사반과 정책자문회의를 구성 운영하면서 현재에 이르고 있다. ㈜남동발전은 ① LNG 수급이 도저히 곤란하여 석탄사용이 불가피하고 대신에 ② 기존 배출허용총량을 지킬 뿐만 아니라 질소산화물이나 황산화물, 먼지 등 대기배출물질의 전체 총량을 LNG를 사용할 때보다 줄이겠다는 계획을 제출했다. ㈜

예외적인 사용허용은 장관으로 국한한 불일치의 문제가 있다.

남동발전이 이 사실을 인천광역시에 공식으로 밝힌 것은 이듬해인 2012년 3월에서였다.

이에 대해 시민사회단체와 전문가, 지역주민 및 인천광역시가 포함된 '영흥화력 민·관 공동조사단'은 인천시민의 동의 없이 추진되는 석탄화력 증설에 분명한 반대의견을 지식경제부와 환경부 그리고 ㈜남동발전에 제출하였다. 그럼에도 ㈜남동발전은 2012년 7월에 석탄사용을 전제로 한 7·8호기 선설의향서를 지식경제부에 접수시켰고 이 계획은 2013년 2월 발표된 제6차 전력수급기본계획에 그대로 반영됐다.*

이 계획이 발표되자 인천광역시와 시의회, 인천환경운동연합 그리고 영흥화력 민·관 공동조사단은 일제히 반대 입장을 표명하였다. '저탄소 녹색성장'이라는 국가미래전략과 국제적 약속에 역행하는 것은 차치하고라도 정부가 재확인한 청정연료 사용

* 20년 단위 장기계획이자 에너지 분야 최상위계획인 '국가에너지기본계획'이 2030년까지 석탄사용을 2006년 24.3%에서 2030년 15.7%까지 그게 줄이기로 했음에도 불구하고 그 하위계획인 전력수급기본계획은 오히려 2027년까지 1,074만kw의 석탄화력 설비를 신규로 반영하여 그 비중을 28.5%까지 늘리겠다는 아이러니를 보여 주었다. 뿐만 아니라 여론수렴을 위해 계획된 공청회가 한번은 강력한 반대로 무산되고 한번은 원천 봉쇄된 반대 속에 강행되는 파행을 낳았다. 특히 영흥화력과 관련해서는 청정연료 사용만이 가능하도록 한 7·8호기 증설을 석탄으로 하겠다는 변경협의가 환경부에 계류 중임에도 불구하고 이를 기정사실화 하여 수급계획에 반영한 점 등 많은 문제가 있다.

조건을 너무도 쉽게 부정하는 행태와 지방정부와 지역사회, 주민이 철저히 배제된 에너지정책 결정과정의 문제점을 지적하였다. 지금까지 7·8호기 증설 추진을 위한 일련의 과정에서 ㈜남동발전은 제도적 미비에 편승하여 가장 중요한 이해관계자인 지방정부, 지역사회와의 협의를 회피했다는 비판을 면할 수 없다.

㈜남동발전은 지역사회와 어떠한 사전 협의도 없이 환경부에 석탄사용 협의를 신청한 데 대해, 2011년 9월 15일 정전대란으로 촉발된 전력수급 비상상황에서 지식경제부가 요구한 7·8호기 조기준공을 추진하게 됐다고 설명했다. 이런 변명조차 그대로 받아들이기는 어렵다. 연료변경협의 신청이 하루아침의 의사결정으로 이루어질 성질이 아니기 때문이다. ㈜남동발전은 이미 2010년 7월에 7·8호기 건설에 대한 주민동의 서명 작업을 전개하였다. 주민동의는 전력수급기본계획에 반영될 신규 사업자 평가기준에서 매우 중요하다. 평가지표별 배점에서 환경영향평가나 온실가스감축노력은 각각 8점, 6점인 반면 지방정부와 주민의 동의는 각각 10점과 15점으로 이를 합한 25점은 공사 지연 또는 취소 가능성 최소화와 적기適期 준공을 위한 가장 중요한 고려사항이기 때문이다. 결국 ㈜남동발전은 2009년 8월 석탄사용이 허용된 5·6호기 환경협의가 끝나자마자 똑같이 석탄을 사용하는 7·8호

다국적기업을 감시하는 코프워치Corp Watch는
매년 4월 22일 지구의 날에 '그린와시Green-wash' 기업을
선정하여 그린와시 상을 수여한다.
그린와시는 실제로는 환경에 유해한 활동을 하면서
마치 친환경적인 것처럼 이미지를 포장하는 것을 말한다.
정작 환경 친화적 사업보다 광고에 더 많은 돈을 쓰는 기업,
환경보호를 말하면서도 화석연료 사용 감축이나
대안에너지 투자에는 인색한 기업들이 대상이다.
지금까지 Shell, Ford, Mitsubishi 등이 이 상을 받았다.

기 증설추진을 시작했다는 혐의를 지울 수 없는 것이다.

㈜남동발전이 확보한 지방정부와 지역주민 동의서 역시 그 자체로 '문제적'이다. 옹진군 의회는 2012년 7월에 '영흥화력 7·8호기 건설사업 유치동의안'을 의결했다. 동의안에서 옹진군은 주민의 84% 이상이 찬성하는 영흥화력 증설이 세수 증대와 주민 삶의 질 향상을 가져다 줄 것인을 강조했다. 석탄을 사용하는

7·8호기 건설에 따른 총공사비 2조4천600억 원의 1.5%(369억)인 특별지원 사업비, 0.5%(123억)인 추가지원비와 연간 50억 원의 기본지원 사업비를 위해 4,120명의 주민 중 84.5%인 3,483명이 찬성 서명했다는 내용이 포함됐다. 이를 근거로 ㈜남동발전이 지식경제부에 제출한 건설의향서 증빙서류에는 옹진군 의회 동의안과 함께 주민동의 부분에서 1,505세대 중 1,373세대(91.2%)가 찬성하였다는 내용을 적시하고 이로써 지자체와 의회의 유치신청이 완료되었다고 밝히고 있다.

서로 다른 찬성률은 뭔지, 어떤 방법으로 주민동의 과정이 있었는지에 대한 의문이 드는 것은 물론이려니와 2010년 7월의 주민 서명부 전문을 보면 ㈜남동발전이 진정성 있게 주민동의를 얻으려 했는지를 의심스럽게 한다.

'우리 영흥면 주민은 한국남동발전㈜이 깨끗하고 환경 친화적인 석탄화력발전소를 건설, 운영함에 따라 지역경제가 나날이 발전하며 주민생활의 질이 점점 향상되고 있음을 잘 알고 있습니다. 또한, 이번 7·8호기가 5·6호기와 연속적으로 건설되면 더 큰 시너지효과로 지역경제가 활성화되리라 믿습니다. 이에 우리 영흥면 주민은 이번 7·8호기 건설유치에 적극 동의하며 아래와 같이 서명 날인 합니다.'

주민동의 획득과정은 경제적 이익을 매개로, 발전사와 주민의 정보 비대칭을 바탕으로 이루어진 것이다. ㈜남동발전은 이를 전가의 보도로 삼아 1~4호기에 이어 5·6호기 그리고 7·8호기를 일사천리로 추진하고 있는 것이다.

최근에도 발전사의 독단적 행태는 반복됐다. 지난 8월 (주)남동발전은 1~4호기에 우드펠릿 혼소를 위한 사업계획 변경을 승인해달라고 산업통상자원부에 신청했다. 지금까지 100% 석탄을 때던 것을 바꾸어 약 3~5%의 연료를 우드펠릿으로 섞어 쓰겠다는 것이다. ㈜남동발전은 우드펠릿이 현행법상 친환경 연료이고 공사도 저장 사일로와 호퍼 설비를 구축하는 경미한 것이라 사전에 알리지 않았다고 했다.

이 궁색한 해명 뒤에는 그러나 씁쓸한 내막이 있다. 500mw이상의 발전설비를 가진 사업자는 신재생에너지를 의무적으로 공급할 법정책임RPS이 있는데 이를 지키지 못한 ㈜남동발전이 서두른 것이다. 우드펠릿 혼소는 1,000억 원의 비용을 매년 추가로 발생시키는 것으로 ㈜남동발전에게는 매우 중요한 의사결정이다. 인천에 이 사실을 알린 9월 말은 공사가 한창 진행된 시점이었다. 2009년 발전사 경영실적 평가 1위, 2012년 1,700여억 원의 순이익에 빛나는 ㈜남동발전 입장에서는 RPS 준수 실패에 따른

70억 원의 과징금, 이게 경영평가에 미칠 부작용이 급한 불 아니었던가. 연간 1,000억 원이라는 자원배분의 합리성이나 지방정부와의 교감은 다음 얘기일 터다.

㈜남동발전은 2012년 말 기준으로 발전5사 중 발전량 5년 연속 1위를 달성했다. 세계 10대 우수발전소로 선정(2005)되고 아시아 최고 청정 석탄 화력발전소 상(2006)을 받았으며 국가 환경경영대상(2007)도 수상했다. 한편으로 사회공헌 지역사회발전 부문에서 2년 연속 대상(2012)을 타기도 했다. 이제 ㈜남동발전의 최고경영자는 수도권 전력난 해소를 위해 화력발전 설비의 지속적 확충 노력으로 174만kw 규모의 7·8호기 건설계획을 제6차 기본계획에 반영시키는데 성공했다고 자평하고 있다.

다국적기업을 감시하는 코프워치Corp Watch는 매년 4월 22일 지구의 날에 '그린와시Green-wash' 기업을 선정하여 그린와시 상을 수여한다. 그린와시는 실제로는 환경에 유해한 활동을 하면서 마치 친환경적인 것처럼 이미지를 포장하는 것을 말한다. 정작 환경 친화적 사업보다 광고에 더 많은 돈을 쓰는 기업, 환경보호를 말하면서도 화석연료 사용 감축이나 대안에너지 투자에는 인색한 기업들이 대상이다. 지금까지 Shell, Ford, Mitsubishi 등이 받은 이 상의 영예(?)를 ㈜남동발전은 누리지 않길 바란다.

영흥화력에 묻는다. 제6차 전력수급기본계획상 신규화력소요량 판단에는 2026년까지 모두 9기에 900만kw의 석탄발전이 필요하다고 돼있다. 그럼에도 SK, 삼성 등 민간사업자와 남동발전 등 공기업은 2020년까지 앞당겨 짓겠다고 나섰다. 과연 돈 되는 사업인 것이다. 설비는 연도별로 균등하게 요구되는데도 사업자의 건설의향은 20년까지 집중되어 중간년도 예비율이 과도하게 증가하는 셈이다. 이 기간을 활용하면 우리나라의 미래지향적 에너지정책을 위한 심사숙고의 시간을 갖고, 신재생에너지 기술의 발전이나 셰일가스 등 정책변수를 좀 더 차분하게 살필 여지가 된다고 본다. 지금 7·8호기 건설을 서두를 게 아니다. 내년말 준공돼서 2015년부터 본격 가동되는 5·6호기의 환경효율에 대한 실증을 거치고, 영흥화력 1~6호기에 대해 종합적인 사후환경영향평가를 실시한 후에 추가증설 문제로 나아가자는 얘기다.

㈜남동발전이 거듭 장담하듯이 추가 증설하더라도 기존 1~4호기에 할당된 배출허용총량을 준수할 수 있는지를 멀리 7·8호기는 차치하고 5·6호기부터 경험적으로 확인하자는 것이고 다행히 그럴 시간도 충분하다는 얘기다. ㈜남동발전이 거듭 강조하듯이 석탄을 때는 것이 동일 용량의 LNG보다 연간 약 1조 원의 연료비 절감효과를 가져올지도 다시 생각해보자는 얘기다.

석탄과 가스의 장기적 원가변수도 그렇고 또 무엇보다도 최근의 발전원가 재산정의 목소리에도 귀 기울여 보자는 얘기다. 현재 kwh당 발전원가를 원자력 39.1원, 석탄화력 67.1원, LNG는 144.8원으로 본다. 그런데 이게 다가 아니다. 사용 완료된 원자로 해체, 환경복구비용을 원자력발전단가에 추가하고 이산화탄소 등 대기오염 대책비용을 석탄발전에 포함하면 실제 발전원가는 사뭇 달라질 것이다. 이렇게 따졌을 때 원자력은 95~143원, 석탄은 88~102원 그리고 LNG는 92~121원 정도가 된다는 연구도 있다.

그리고 한 가지, 지난 10월 28일 국회 환경노동위원회 국정감사에 증인으로 출석한 ㈜남동발전 사장은 7·8호기 석탄사용에 대해 재검토할 용의가 있는지를 묻는 질문에 대해 인천광역시와 협의할 것이라 답변한 바 있음을 우리 모두 기억하고 있다. 환경은 조상에게서 물려받은 현 세대의 가처분소득이 아니라 미래세대의 건강한 삶을 담보로 빌려 쓰는 것이라는 점도 함께 기억하자는 것이다.

플라이 앤 크루즈*

지난 5월 21일, 빅토리아Costa Victoria호가 964명의 승객을 내우고 인천항에 입항했다. 그 며칠 전인 5월 18일에 요코하마를 떠난 7만5천 톤급 크루즈에는 일본 관광을 마친 한국 관광객뿐 아니라 376명의 일본 관광객들이 타고 있었다. 이들은 배에서 내려 육지 관광을 한 뒤에 다시 인천국제공항을 통해 귀국했다. 이렇게 외국 항구를 모항으로 하는 크루즈를 이용하기 위해 공항을 통해 이동하는 관광 형태를 '플라이 앤 크루즈Fly and Cruise'라 한다. 여행사가 항공사와 크루즈 선박회사와 연계해서 저렴한 비용으로 항공권과 크루즈를 패키지로 제공하는 관광 상품이다.

크루즈관광은 숙박과 음식, 위락시설을 갖춰놓고 수준 높은 서비스를 제공하면서 여러 매력적인 항구를 방문하는 선박여행이다. 크루즈관광은 대규모 관광객과 승무원의 소비지출, 항공

* 《인천일보》 2014년 10월 6일자 게재.

과 항만, 해운과 조선, 관광 등 전후방 산업연관효과가 크고 많은 일자리를 만들어내는 고부가가치 산업이다. 이런 크루즈관광에 대해 세계관광기구는 21세기에 가장 유망한 성장산업이자 경제적 파급효과가 높은 산업으로 선정한 바 있다.

현재 세계 크루즈시장은 카리브 해海를 중심으로 한 미주 시장을 필두로 지중해를 중심으로 한 유럽 시장을 합쳐 전체의 8할 이상을 차지하고 있다. 그런데 얼마 전까지 5% 내외에 그쳤던 아시아 시장이 세계 3대 경제권이자 급속한 경제성장에 힘입어 급부상하고 있다. 중국을 중심으로 하는 동아시아권이 오는 2020년이면 25%(700만 명)의 시장으로 가파르게 성장할 것으로 예측되고 있다. 세계관광기구도 인구대비 크루즈관광객 수가 여전히 0.1%에도 못 미치는 아시아 시장의 성장가능성이 가장 높을 것으로 전망한다.

특히 주요 표적시장이 될 중국의 단일시장이 아니라 한국과 일본의 아웃바운드 관광규모와 잠재 수요가 결합된 한·중·일 연계패턴이 강화될 것으로 본다. 이렇게 보면 동아시아를 연계하는 새로우면서도 커다란 성장잠재력을 가진 관광 형태가 바로 '플라이 앤 크루즈' 상품이 될 것이다. 중국과 일본 관광객들이 공항으로 입국해서 육상관광을 한 뒤 크루즈상품을 통해 자국으

외국 항구를 모항으로 하는 크루즈를 이용하기 위해
공항을 통해 이동하는 관광 형태를
'플라이 앤 크루즈Fly and Cruise'라 한다.
여행사가 항공사와 크루즈 선박회사와 연계해서
저렴한 비용으로 항공권과 크루즈를 패키지로 제공하는
관광 상품이다.

로 돌아가는 형태, 또는 크루즈로 입항해서 육상관광을 거쳐 공항을 통해 출국하는 형태, 그밖에 다양한 융합과 조합이 가능하다. 최근 빠르게 증가하고 있는 저비용항공과 연계한 상품은 '플라이 앤 크루즈'와 잘 맞아 떨어지는 관광 형태다.

그러나 현재 우리의 '플라이 앤 크루즈' 시장은 걸음마 단계다. 우리 국적의 크루즈 선사도 없으며 국적 선사가 정박하며 입출항을 시작하는 모항(母港)도 없다. 대형 크루즈 선박에 제공하는 선용품과 선구의 제작과 공급을 포함한 수많은 연관 산업기반, 인적 인프라, 경쟁력 있는 관광 상품도 따라서 미비한 실정이다.

'플라이 앤 크루즈'는 모항 기반과 국제공항을 필요조건으로 한다는 점에서 인천은 국내 다른 도시들에 차별적인 경쟁력을 갖고 있다. 이미 인천국제공항은 아시아권뿐만 아니라 미주와 유럽을 연결하는 뛰어난 접근성을 갖는 굴지의 허브로 성장해 있다. 특히 동아시아 각지에 촘촘한 노선을 가진 저비용항공사가 몰려들고 있다. 높은 한류열풍의 본산이랄 수 있는 서울·경기의 관광거점과 관광매력, 2천5백만의 배후시장을 갖고 있다. 인천 자체로도 송도국제도시와 역사문화와 갯벌 등 자연자원의 보고인 강화도, 그리고 개항장 등 수많은 매력을 갖고 있다. 영종도에 조성되는 복합리조트는 관광객들의 필수 코스가 될 것이다.

게다가 중국의 대련과 천진, 북경과 청도에서 일본을 오가는 크루즈 항해는 중간 기항지를 필요로 하는데, 이 점에서도 인천은 최적의 중계지라는 특장이 있다. 인천은 2017년 크루즈전용 선석을 갖춘 새로운 국제여객터미널을 개장할 예정이다. 이곳에 연접한 아암 물류2단지는 크루즈관광의 전후방연관 산업단지로 전략적 개발이 필요하다. 서둘러야 하며 동시에 좀 더 멀리 내다보고 큰 그림을 그려야 한다. '플라이 앤 크루즈'가 미래 인천의 강력한 관광 수입원으로서 잠재력이 크기 때문이다.

서비스산업 빅뱅은 영종도永宗島에서*

세계경제 저성장기조는 당분간 지속될 것이다. 올해 경제전망치가 한결같이 4%를 밑돌면서, 대외 의존적 한국경제도 그 직접 영향권에 진입했다는 견해가 지배적이다. 저성장이 문제인 것은 내수의 침체와 고용 없는 성장 때문이다.

지난 2008년 글로벌 금융위기의 직격탄을 맞고 이듬해엔 급기야 마이너스 성장을 기록했던 싱가포르는 불과 1년만인 2010년 14%를 넘는 경제성장률을 기록했다. 리셴룽李顯龍 총리는 이러한 급반전의 견인차로 복합리조트의 개장을 계기로 한 관광산업의 활성화를 꼽았다. 2010년 4월 개장한 마리나베이샌즈 리조트

* 《한국경제》 2012년 2월 16일자에 '서비스산업 선봉에 선 영종도'란 제목으로 게재. 6년이 지난 지금 시점에서 영종도의 사업들은 이런저런 이유로 더디게 진행되고 있다. 그리고 최근 몇 년간의 사드 논란(사드 배치와 중국의 경제보복)에서 보듯 중국자본과 중국인 관광객을 목표로 한 사업들이 갖는 불안정성 또한 간과할 수 없다. 하지만 저성장시대에 성장 동력의 하나로 서비스산업의 가치와 영종도의 경쟁력은 여전히 유효하다.

가 그 주역이다. 리조트는 개장 후 2천만 명이 다녀갔고 이들에게 서비스를 제공하는 3만 개가 넘는 일자리를 만들어 냈다. 리조트의 핵심시설은 카지노다. 독립이후 47년 동안 도박을 엄격히 금지했던 국가정책의 근간을 바꾼 싱가포르에 세계 최대 카지노그룹인 미국의 샌즈가 총 55억 달러를 투자했다.

샌즈의 교훈은 우리에게 매우 유용하고 시의적절하다. 우리는 싱가포르의 성공사례를 어디에서 재현할 수 있을까. 영종도가 최적지다. 영종도는 매립을 통해 연결된 용유도와 2014년 다리로 연결될 무의도를 묶어 대략 140㎢에 달한다. 영종은 송도, 청라와 함께 2003년 우리나라 최초의 경제자유구역으로 지정됐다.

엄밀히 말하면 영종도에 들어선 공항 때문에 우리나라 경제자유구역사업이 시작됐다. 지난 2001년 개항한 인천국제공항은 세계최고로 자리매김했다. 세계에서 두 번째로 많은 국제화물을 운송하고 연간 3,500만 명이 이용하는 인천국제공항은 특히, 서비스가 가장 우수한 공항으로 6년 연속 선정되면서 국제공항협의회ACI 명예의 전당에 유일하게 등재됐다.

공항을 기반으로 영종도에는 초대형 프로젝트들이 본궤도에 진입하고 있거나 막 기지개를 켜고 있다. 인천공항공사는 동북아의 대표적 관광·비즈니스 허브를 목표로 4㎢가 넘는 공항복합도시Airport City를 개발하고 있다. 영종하늘도시 일원 3.7㎢에는 일본 자본이 총 4조5천억 원의 사업비로 복합리조트를 세울 예정이다. 초기 자본금 4,300만 달러가 이미 투자됐다. 용유도와 무의도 24.4㎢ 지역에는 세계적 호텔그룹과 대규모 중동자본이 참여하는 총 80조 원 규모의 관광레저복합단지사업이 속도를 내고 있다. 이에 연계한 마리나Marina가 2014년에 개장된다. 이들 복합리조트에는 특급호텔과 카지노, 대형쇼핑몰과 엔터테인먼트, 레저와 의료관광서비스 시설이 들어설 것이다.

좀 더 특별한 의미를 갖는 프로젝트가 영종도 북동쪽에 2.7㎢ 규모로 추진되고 있다. 국제학교, 헬스케어단지, 복합카지노리조트를 골자로 한 이 사업은 이미 1단계 기반공사를 마무리하고 현재 투자유치에 속도를 내고 있다. 이 사업을 주도하는 건 화교자본 즉, 범 중국자본이다. 중국자본을 대거 유치하여 조성하는 복합관광주거단지의 주된 목표고객은 중국인 관광객이다.

인천국제공항에는 중국의 여러 도시에서 한 달에 6,100회나 비행기가 오간다. 이 공항을 품은 영종도에 우리나라 서비스산업을 선도할 복합리조트 사업들이 속속 꽃을 피우려 하고 있다.

글로벌 저성장시대에 아랑곳없이 고속 성장을 지속하는 중국

영종도는 중국의 대다수 도시들에서
비행기로 3시간 안에 있는, 생각보다 훨씬 가까운 곳이다.
싱가포르나 홍콩, 마카오를 향하던 발길을 돌려
더 쉽게, 더 많이 찾아와서
더 즐겁게 관광하고 쇼핑할 수 있는 곳은
영종도일 수밖에 없다.

의 풍요는 관광레저를 비롯해 점점 더 많은 서비스 수요를 창출할 것이다. 게다가 이미 지난 2000년에 65세 이상 인구가 전체의 7%를 넘긴 중국의 가파른 고령화는 2026년이면 14%에 도달해 고령사회로 진입할 것으로 예측된다. 이 막대한 은퇴자들에게 영종도는 중국의 대다수 도시들에서 비행기로 3시간 안에 있는, 생각보다 훨씬 가까운 곳이다. 싱가포르나 홍콩, 마카오를 향하던 발길을 돌려 더 쉽게, 더 많이 찾아와서 더 즐겁게 관광하고 쇼핑할 수 있는 곳은 영종도일 수밖에 없다.

제조업이 고성장과 일자리창출을 담보하던 시대는 급속히 퇴조하고 있다. 제조업보다 5배나 높은 고용창출계수를 갖는 서비스산업은 저성장시대의 새로운 성장의 불씨다. 서비스산업의 스펙트럼은 다양하고 각각의 명암이 있다. 금융과 법률서비스는 대외 경쟁력에서 열세를 보일 수 있다. 그러나 관광과 레저, 의료서비스산업 그리고 상호간 융합서비스는 우세한 경쟁력을 갖출 수 있다. 이 분야에 특히 기회요인이 많다. 정부가 아직 꺼내들지 않았던 제도와 정책수단이 많다는 점에서 그렇다. 무엇보다, 해외투자와 관광수요 면에서 준비된 거대소비시장 중국이 지근에 있다는 점에서 그렇다. 날로 팽창하는 중국자본의 해외투자 중 1%만이 한국에 투자되고 있고 5천만 명을 넘어 1억 명에 도달하는 중국 해외여행객 중 지난해에 겨우 200만 명만이 한국을 찾았다는 사실은 무척이나 아쉽지만 이것이 어쩌면 역설적으로 우리에게 새로운 기회를 부여하는 것일 수도 있다.

저성장시대, 서비스산업의 빅뱅이 필요하다. 영종도에서 시작하자. 중국, 일본을 포함한 글로벌 자본이 투자되고 중국인을 포함한 세계 각국 관광객이 북적대는 영종도는 국가안보 측면에서도 큰 의미가 있다. 범정부적 관심과 범제도적 지원이 요구된다.

경제청의 격格을 생각한다*

헬러Joseph Heller의 '캐치-22Catch-22'는 작품을 일관하는 신랄한 블랙유머를 통해 전쟁이 낳는 살인적 광기를 풍자한 최고의 소설로 꼽힌다. 여기서 캐치-22는 제2차 세계대전 당시 지중해 연안에 주둔하던 미 공군에 암묵적으로 적용되던 규정을 뜻한다.

죽고 죽이는 전쟁은 모든 무명용사에 대해 철저하게 재수가 없어서 죽었거나 죽게 될 운명의 사람일 뿐이라고 냉소를 보내고, 또한 죽은 사람에게 누가 전쟁에 이기느냐는 문제는 사실 일말의 의미도 없는 것이라는 실존의 문제를 제기한다. 대량살상을 위해 저공비행으로 적진에 침투해서 폭탄을 투하하고 그 대가로 적 대공포의 집중공격을 받는 생사의 갈림길에서 폭격수의 운명은 출격명령의 면제만이 유일한 탈출구다. 그러나 출격명령으로부터의 해방은 전투명령을 정상적으로 수행할 수 없는 정

* 《인천신문》 2011년 12월 29일 게재.

신이상자에게만 부여되는데, 정신이상자 판명을 받기 위해 요구되는 자필 요청서를 제출하는 행위는 스스로 합리적 의사결정을 하는 정상인임을 역설적으로 입증하는 것이 되어 결국 또다시 출격해야하는 딜레마가 되는 것이다. 이 소설이 그 작품성과 대중성으로 큰 명성을 얻으면서 '캐치-22'는 흔히 불합리한 역설이나 곤경, 딜레마를 가리킬 때 인용되는 단어가 됐지만, 정작 우리 일상에 편재하는 이 같은 현상을 간파하기는 쉽지 않은 것 같다. 지역 언론들이 인천경제자유구역청(이하 '청') 뉴스를 다루지 않는 날을 발견하기란 쉬운 일이 아니다. 그런데 최근 흡사 캐치-22적的 고민을 안겨 주는 이슈 중 하나가 청廳의 지위 문제다.

거칠게 요약하면, 청이 자치단체 소속행정기관이냐 아니면 자치단체로부터 독립된 기관이냐는 논란이다. 좀 다듬어 보면, 청이 인천광역시의 출장소 중 하나에 불과한 것인가 아니면 그와는 다른 뭔가 '특별한' 지위를 갖는 행정기구인가다. 이 문제를 다룬 언론보도에 따르면, 청이 시로부터 모종의 독립을 추구하고 있고 이에 대해 지역사회와 시의회가 가진 우려의 목소리와 의혹의 시선이 가볍지만은 않다고 한다.

전제할 것은, 이 논란이 전혀 새로운 것이 아니라 불거진 지 오래 됐는데, 문제는 그 당시 결론이 논란을 덮는 미봉에 그쳤을 뿐 현실을 제대로 반영한 제도적 개선으로 진전되지 못했다는 것이다. 2005년 당시 경제자유구역사업 주무부처인 재정경제부가 불쑥 제기했던 청의 '특별지방자치단체화'는 지금까지도 지방자치법에 그 구체적 개념규정이 없는 모호한 성격의 것이었다. 다만, 제주도와 세종시가 각각의 개별법을 근거로 현실적으로 존재하고 있을 뿐인 것이다. 제주도와 세종시는 조세권과 입법권, 투표권 등 포괄적 자치권을 갖는 독립된 법인으로서의 지방자치단체를 의미한다. 이런 차원의 문제는 정작 주민투표를 통해 인천을 떠나 경기도로 소속을 바꾸겠다는 강화나 옹진군 일부의 목소리에 가깝다. 청이 이런 독립화를 추진한다는 게 말이 되는가. 일각의 우려와 의혹을 불러 일으켰다고 보도된 문제는 지금 청이 처해 있는 법적·사실적 지위, 즉 '격格'에 관한 고뇌의 표현인 것이다.

경제자유구역은 국책사업으로 도입되어 해당 시도지사가 그 관할의 일정구역에 대해 제도적 옷을 입힌 것이다. 사실 이 복잡한 수사가 논란의 빌미를 제공하고 있는 건 맞다. 그 제도적 상충相衝이 지방자치법과 경제자유구역지정운영특별법(이하 '특별법')에 똬리를 틀고 있다. 전자가 기본적으로 국가와 지방자치단체의 민주적 발전을 목적으로 한다면 후자는 애초 외국투자촉진을 목적으로 했다가 나중에 지역균형발전이 추가됐다. 그리하여 청은 이 두 법률로부터 자유로울 수 없는 운명을 가지게 됐다.

짚고 넘어가야 할 또 하나의 원죄는 정책과 정치의 부적절한 결합이다. 당초 경제자유구역은 '21세기 동북아시아 중심국가 건설'이라는 국가 비전을 위한 성장 동력으로 추진된 국가사업으로서 인천공항을 핵심기반으로 한 인천만이 그 유일한 정책모델이었다. 인천의 뒤를 이어 경제자유구역으로 지정된 부산·진해나 광양만권, 대구경북과 군산·새만금 그리고 충남과 경기도에 걸친 황해경제자유구역은 그 작위적 이름만큼이나 어색하게 지역균형발전이란 명분아래 정치적 판단에 의한 것이었음은 부인하기 어려운 사실이다.

이러한 변질은 2003년 최초 지정 후 8년이 지난 지금 보여 주는 여러 경제자유구역의 실상에서 쉽게 입증된다. 인천은 한 때 1년 예산규모가 1조를 상회한 반면 나름 2인자격인 부산과 진해만 해도 한 해 재정규모가 1천억에도 못 미칠 뿐 아니라 조직규모도 겨우 절반에 그친다. 비유가 좀 뭐하지만 이런 현실은 부산이나 대구와의 관계가 아니라 서울이나 경기도와 인천을 대등한 격으로 말하기는 뭣한 것과 같다.

경제자유구역 주무부처인 지식경제부의 인식도 크게 다르지

인천의 눈이 동아시아와 세계를 향해 있다면
다른 후발주자들의 벤치마크는 인천인 것이다.
송도를 여러 차례 방문한 다른 경제자유구역청장들의
이구동성이 인천의 변화 속도와 격차의 확대에 있다는 점에
주목해야 하는 것은 정작 우리 자신들인지도 모른다

않다. 인천을 빼고는 한국의 경제자유구역사업을 논하기 어려울 뿐 아니라 그 성패의 열쇠가 인천에 있음을 부인하지 않는다. 인천과 나머지 경제자유구역은 확실히 체급이 다른 선수들이다. 인천의 눈이 동아시아와 세계를 향해 있다면 다른 후발주자들의 벤치마크는 인천인 것이다. 송도를 여러 차례 방문한 다른 경제자유구역청장들의 이구동성이 인천의 변화 속도와 격차의 확대에 있다는 점에 주목해야 하는 것은 정작 우리 자신들인지도 모른다.

인천이 싱가포르나 홍콩, 상하이나 두바이를 따라잡기 위해 노심초사하는 내내 정부는 6개 경제청이 '6인人7각脚'으로 달려야만 하는 획일적 제도에 요지부동이었다. 반면, 인천의 시민사회는 차별화를 태생적 조건으로 하는 경제자유구역사업이 지역내 불균형문제를 야기할 수 있다는데 조바심을 내 왔다. 주무부처는 인천과 기타 경제청을 똑같은 시험지로 그것도 매년 평가하는 제도를 도입함으로써 세계를 향한 원심력을 키우기는커녕 '우물 안 개구리'로 길들이는 듯한 인상마저 주고 있다. 시민사회는 경제자유구역사업이 지역사회의 총론적 발전방향에서 벗어나거나 혹여 왜곡시키지는 않을까 하여 그 통제장치가 제대로 작동하는지에 부심해왔다. 정부의 소심함은 기대에 못 미치는 경제자유구역사업의 성과로 나타났다. 경제자유구역사업에 대한 지방의회의 과도한 통제욕구는 지난 2007년 일단의 조례안에 대한 대법원제소 해프닝으로 나타났다.

인천 경제청은 지방자치법상 출장소이면서도 특별법상 주무부처 장관과 미리 협의해서 그 장을 임명하는 독특한 행정기구로서 이중적 지위에 있다. 이와 동시에 그 조직과 정원이 조례와 규칙으로 정해지면서도 독자적 운영규정을 갖도록 특별법에 요구된 이율배반적 지위에 있다. 나아가 특별법상 그 재정운용에서 자치단체로부터 상당한 수준의 독립성을 갖도록 강제되고 있는 반면 그 자산과 부채는 자치단체의 재정구조에 온전히 부속되어 있다. 오히려 이 점에서 대구·경북같이 2개 이상의 시도에 걸친 경제청은 독립된 법인이자 특별지방자치단체인 조합으로서 보다 폭넓은 자율성과 독자성을 향유하고 있다. 과연 우리 청의 '격'을 이들보다 못하다고 할 것인가. 나아가 이들과 동일한 수준의 격에 머물러야 한다고 할 것인가.

우리 청이 어떤 격을 갖는가는 여러모로 중요한 문제다. 우선 국내적으로, 지역사회가 한목소리로 청의 격을 높여 갈 때에라야 비로소 여타 청들과 급을 달리하는 국가적 정책모델로서, 선진 정책들이 최우선적으로 시연試演되는 지위를 공고하게 다질 수 있기 때문이다. 경제수도의 핵심 기반도 경제자유구역사업일 수밖에 없는 건 자명하다.

대외적으로는, 도시경쟁력이 국가경쟁력을 좌우하는 시대적 맥락과 닿아 있다. 세계의 투자자들은 송도, 영종이 그리고 청라가 한국의 다른 지역과 확연히 차별화된 제도로 운영되는 투자처이기를 요구한다. 그들은 인천경제자유구역이 두바이, 홍콩, 선전深圳과 최소한 비견되거나 그들을 뛰어넘는 곳으로 인정될 때 비로소 투자한다. 중앙정부가 그리고 지방정부가 얼마만큼의 차별화된 지위를 부여하고 보장하는가가 궁극적으로 얼마만큼의 성과를 국가와 지역에 환원해 줄지를 결정하는 것이다.

얼마 전 시의회는 자치단체 고위직 임용에 대한 인사청문회 도입을 중앙부처에 요구했고 이에 시민사회도 한목소리를 냈다. 그 일차적 대상에 정무부시장, 산하 지방공기업 사장과 함께 경제자유구역청장이 포함되어 있다. 의회와 시민사회가 하나의 출장소장으로서 경제청장을 염두에 둔 게 아니란 건 상식이지 않은가. 임용절차만 놓고 보면, 시장이 제청하여 행정안전부장관을 거쳐 대통령이 임명하도록 한 부시장과 지식경제부장관과 협의하여 시장이 임명하도록 한 경제청장은 닮은 점이 많다.

한편으로 공사, 공단과 같이 공기업특별회계로 운영되는 청은 그 사업을 기업원리에 따라 추진하도록 요구받고 있다. 민주적 통제와 기업적 자율성이 적절히 확보되는 어디쯤에 있어야 하는 경제청의 지위가 이 대목에서도 애매한 것이다. 어려움에 처한 시의 재정상황 타개를 위한 일반목적에 경제청의 특수목적사업을 위한 재정운용이 불합리하게 종속되어서는 안 된다는 우려를 보내기도 했던 시민사회다. 속상하기로 치자면 경제자유구역을 관할하는 중구, 연수구, 서구의 단체장과 기초의회가 더할 수도 있다. 이들 3개 구가 각자의 경제자유구역 내 개발계획과 사무를 청에 양보하고 있는 대가로 불과 지난 8년 동안 불린 세수는 1천억을 넘었고 송도, 영종, 청라를 통해 높아진 브랜드 가치도 막대하다. 청을 바라보는 시민사회와 시의회가 한 번쯤 새겨볼 대목이다. 민주적 통제는 분명 가치 있는 것이지만 그 비용이 기업적 자율성을 통해 달성되는 효과보다 크거나 심각한 제약요인이 돼서는 안 된다는 데 큰 이견이 없지 않은가.

하늘은 스스로 돕는 자를 돕는다. 스스로 존중하지 않는 주체를 외부에서 알아서 존중해 주는 일은 없다. 격을 높이는 것을 격상格上이라 하고 그 반대를 격하格下라고 한다. 경제청의 격을 높이는 일, 그것은 우리 인천에게 전혀 해될 것 없으면서 여러모로 시급하고도 필요한 것이라는 데 반대할 사람은 없을 것이다.

이 같은 공유된 인식을 바탕으로 차제에 경제청의 격을 높이기 위한 보다 심도 있고 건강한 논의가 활성화되기를 기대한다. 그리고 그 실천적 노력은 의외로 가까운 현재적 여건에서 출발할 수도 있을 듯싶다. 어쨌거나 인천 경제청의 '격'을 둘러싼 논의의 시작은 국가나 어느 정부부처가 아니라 고스란히 경제청 자신의 몫이면서도 나아가 시민사회, 민의를 대변하는 시의회 모두의 몫이기도 하다.

사회공헌활동 시작하는 경제청*

인천 안에서도 인천경제자유구역IFEZ은 묘한 입장에 처해 있다. 285만 시민 중에 13만 명을 뺀 95.4%가 IFEZ 바깥에 산다. IFEZ는 송도와 영종, 청라 지구라는 3개의 거점을 마치 트라이앵글처럼 묶은 것인데 그 중에서도 선도지구인 송도는 강남의 이목을 집중시키고 인천의 지가를 높이는 한편 해외에서도 주목받는 국제도시로 부상했다.

반면에 그 바깥의 원原도심 지역에서 진행된 재개발이나 도시재생사업은 대체로 제자리걸음을 했다. 그러면서 이들에게 IFEZ는 인천의 정책자원과 성장과실을 오로지 독차지하는 블랙홀로 의심받게 됐다. 이렇게 원도심과 경제자유구역이 서로 시너지synergy가 아니라 오히려 제로섬zero-sum으로 혹은 '당신들만의' 사

* 《인천일보》 2012년 7월 25일자 게재. 인천경제자유구역은 'Incheon Free Economic Zone: IFEZ'로 표기된다.

업으로 인식되는 한 IFEZ와 그 바깥의 심리적 거리는 멀어질 수밖에 없다. 미움보다 더한 게 무관심이라 했던가. 모두에게 불행한 일이다.

그런데 실상을 자세히 들여다보면 꼭 그런 게 아니다. 짧은 역사에도 불구하고 그간의 IFEZ 사업이 만들어 낸 과실은 그 외연을 속속 확장해 갔다. IFEZ를 품고 있는 연수구, 중구, 서구가 1차 수혜자가 됐다. 한 예로 경제자유구역 개발에 따른 3개 구의 직접적인 구세 수입의 경우 지난 2010년까지 적게 잡아도 700억원 이상 늘어났고, 그 규모는 향후 2020년까지 최소 1조 2,000억원 이상이 될 것으로 추정된다. 이들 3개 구는 요즘처럼 어려운 때에 알토란같은 재정수입의 덕을 톡톡히 누리고 있고 이것을 기반으로 전국의 자치구들 간 경쟁력에서도 상위에 올라 있다.

경제자유구역의 많은 인프라는 그 속성상 직접적으로는 인접 지역에 간접적으로는 원격지에까지 효용을 제공한다. 개발사업과 기업유치로 창출되는 일자리와 소비수요는 일차적으로 우리 지역의 몫이 될 것이다. 사정이 이러함에도 불구하고 IFEZ 사업의 필요성과 가치에 대한 시민 대다수의 인식과 이해가 충분한 수준에 못 미쳤다면 그건 일차적으로 사업주체의 책임일 수밖에 없다.

사업주체인 경제청은

인천시의 소속기관이면서도 기업적으로 운영되고 있다.

오늘날 거의 모든 기업에게 지속가능한 경쟁력의

핵심 중 하나로 자리 잡은 것이 사회공헌활동이다.

사회공헌이란 기업이 다양한 이해관계자들과

사회적 가치를 공유하며 사회문제 해결의

한 축을 담당하는 것이다.

사업주체인 경제청은 인천시의 소속기관이면서도 기업적으로 운영되고 있다. 오늘날 거의 모든 기업에게 지속가능한 경쟁력의 핵심 중 하나로 자리 잡은 것이 사회공헌활동이다. 사회공헌이란 기업이 다양한 이해관계자들과 사회적 가치를 공유하며 사회문제 해결의 한 축을 담당하는 것이다. 이를 통해서 기업들은 단지 선호되기를 넘어서 존경의 평판을 획득하는 한편 고객으로부터 든든한 신뢰와 지지 기반을 형성해가는 지속적인 활동이다.

경제청은 지금까지 초기 기반구축을 위해 앞만 보고 달려 왔다. 원래 경제특구제도는 다른 지역과의 차별화, 선택과 집중 그리고 이에 따른 불균형발전을 전제로 한다. 경제자유구역이 그렇지 않은 지역과 똑같이 가야 한다면 오히려 자가당착이고 제도 자체가 무의미해 지는 것이다. 원도심 지역과의 차이는 불가피하다. 그렇지만 중요한건 IFEZ에게 대다수 시민은 핵심 이해관계자라는 사실이다. IFEZ가 추구하는 개발과 투자유치, 외국인 정주여건 조성이 국가의 성장엔진인 동시에 지역발전을 견인해야 한다는 사회적 가치가 시민들과 충분히 공유되어야 한다.

이러한 이해와 인식을 현실화하기 위해서는 소외된 원도심 지역이 가진 사회적 문제 해결에 함께 하는 것에서 출발할 수 있다. 이런 맥락과 취지에서 IFEZ는 2012년을 원년으로 해서 '지역사회공헌활동'을 본격적으로 시작한다. 그 안에는 전부터 있어 왔던 프로그램도 있고 새로운 프로그램도 있다. IFEZ가 가진 다양한 자원들, 이를테면 대학들과 기관, 기업의 인력과 재능, 시설물과 유휴부지까지를 적절한 프로그램으로 만드는 IFEZ형型이 될 것이다. 환경, 청소년과 노인, 다문화 등 지역의 당면한 사회문제 해결에 기여하려는 IFEZ 공헌활동은 일 년 내내 차고 넘친다는 의미를 담아 '열두 바구니'란 이름으로 진행될 것이다.

이런 활동을 바탕으로 IFEZ와 여타 지역이 상생할 수 있는 합목적적인 방안을 축적해가야 할 것이다. IFEZ는 국가적 소명을 가지고 탄생했고 거기에 훌륭히 부응해야 한다. 동시에 인천이라는 지역사회가 부동不動의 물적·공간적 기초이며 285만 시민이 불변不變의 인적 기초라는 사실을 잊어서는 안 된다.

새로운 성장 동력이 시급한 인천국제공항*

지난 3월 18일 정부로부터 대규모 외국인 전용 카지노 진출을 위한 예비 허가를 받은 영종도는 지금 개발기대감이 매우 크다. 카지노를 즐기는 중산층 이상의 중국인 관광객이 핵심 타깃target이다. 중국과 지리적으로 가까운데다 인천국제공항이라는 굴지의 인프라가 탁월한 접근성을 보장한다. 사실 이번 카지노 건 말고도 인천경제자유구역이나 인천대교 같은 제도적 · 물적 기반도국제공항이 있었기에 가능했다.

1992년, 제1단계 사업비 5조6천억 원으로 당시까지 단군 이래 최대 역사役事로 불리며 첫 삽을 뜬 인천국제공항은 2001년 3월 29일, 동북아 허브Hub공항이라는 원대한 비전을 품고 문을 열었다. 지난달 28일로 개항 13주년을 맞은 인천국제공항의 역량과

* 《인천일보》 2014년 4월 14일자 게재. 필자는 2014년 1월 1일부터 인천광역시 항만공항해양국장으로 근무했다.

성과는 실로 눈부시다.

세 개의 활주로에 연간 41만 회의 운항처리능력, 450만 톤의 화물과 4,400만 명의 여객을 수용할 수 있는 세계적인 대형공항이 됐다. 지난해 세계 88개 항공사가 58개국 182개 도시를 취항하며 4,148만 명의 여객을 실어 날랐던 인천공항은 올 2월, 전 세계 228개 주요 공항을 대상으로 한 세계공항서비스평가ASQ에서 9년 연속 최고로 선정됐다. 기업적 측면에서도 자산규모 2조 원 이상, 자체수입 85% 이상인 시장형 공기업의 모범이 됐다. 원대한 비전은 현실이 돼 가고 있다.

인천국제공항은 지난 2008년까지 3조 원 가까이 투입된 2단계 사업을 끝내고 오는 2017년까지 4조 원이 투자되는 3단계 사업을 추진하고 있다. 동북아 허브를 넘어 글로벌 허브공항이라는 새로운 비전을 세운 인천국제공항의 미래는 과연 탄탄대로이고 과연 지속가능할 것인가.

지난 달 초, 도지사 출마를 위해 돌연 사임한 인천국제공항공사 사장은 그 며칠 전 한 인터뷰에서 지금 인천공항이 처한 상황을 '전쟁 같은 현실'로 규정한 바 있다. 아시아 허브공항을 놓고 중국과 일본 등지의 공항들과 벌이는 치열한 경쟁상황이 녹록하지 않은 것은 객관적으로 분명하다. 그러나 이러한 경쟁에서 이

항공 산업은 항공기나 부품의 제작,
항공기 정비와 교육 같이 비싼 비행기만큼이나
고부가가치를 낳는 산업생태계를 가지고 있다.
그 가운데 특히 당장 어려운 항공기제작보다
전문적인 항공정비 산업을 육성하고
이를 통해 인천공항의 사업과 수익구조를
정상화하는 것이 시급하다.

기기 위한 내부적 상황인식과 주체적 대응전략에서 아쉬움이 발견된다.

첫째, 인천공항은 비행기 그 자체에서 즉, '항공 산업'에서 새로운 성장 동력을 찾아야 한다. 10년 전(2004년)에 7천억 원이었던 매출은 지난해 1조 6천억 원 규모로 성장했고 당기순이익은 1,495억 원에서 4,700억 원으로 늘었다. 문제는 매출에서 항공수익이 차지하는 비중이 50%에서 37%로 준 반면에 면세점으로 대표되는 상업수익 비중이 63%로 늘었다는 점이다. 매장과 토지임대로 얻는 상업수익은 마진율이 높고 꾸준한 수익을 보장해주는 이른바 캐시 카우cash cow다. 그러나 이건 수익성이 높은 반면에 성장가능성은 낮은 제품이나 산업을 의미한다. 항공운송산업에서 상업수익은 중요한 연관 산업이기는 하지만 생산적이거나 지속가능한 성장 동력이 아니다.

항공 산업은 항공기나 부품의 제작, 항공기 정비와 교육 같이 비싼 비행기만큼이나 고부가가치를 낳는 산업생태계를 가지고 있다. 그 가운데 특히 당장 어려운 항공기제작보다 전문적인 항공정비 산업을 육성하고 이를 통해 인천공항의 사업과 수익구조를 정상화하는 것이 시급하다. 현재 약 1,400대의 우리나라 항공기 정비를 위해 매년 6천억 원이 해외로 발주되고 있다. 반면 싱가포르는 항공기 보유대수가 아시아의 3.7%에 불과하지만 정비 시장의 25%, 그것도 93%를 해외에서 수주하는 항공정비 산업의 아시아 허브가 됐다. 국토교통부의 공항개발중장기종합계획에 항공정비 분야는 청주공항으로 지정돼 있으나 아직까지는 실적이 없다. 인천국제공항이 그 적지임은 삼척동자도 안다. 인천국제공항공사는 정부의 처분을 마냥 기다릴 것이 아니라 하루 빨리 정책변경을 이끌어내기 위해 노력해야 할 것이다.

둘째, 인천공항은 공항을 이용하는 사람들의 변화에 맞는 선제적인 시설투자로 대응해야 한다. 항공교통의 급속한 대중화는 저비용항공LCC의 비약적 신장으로 나타났다. 국내의 5개 저비용항공사와 아시아권 저비용항공사들은 잠재력이 풍부한 동아시아 시장을 선점하기 위해 치열한 경쟁을 벌이고 있다. 그 결과 인천국제공항의 저비용항공 점유율은 지난 2009년 1.19%(34만 명)에서 지난해 11.8%(488만 명)로 급증했다. 1,000만 명 시대가 멀지 않았다. 중동의 두바이, 네덜란드의 스키폴 공항은 물론이고 싱가포르 창이, 일본의 나리타와 간사이공항 모두 저비용항공 전용터미널을 갖추고 있다.

급기야 청와대는 지난 2월에 관광산업 활성화를 위한 수단으로 저비용항공 육성 방안을 검토하도록 국토교통부에 지시했다.

국내적으로는 김포공항을 기반으로 하는 한국공항공사가 오히려 발 빠르게 움직이고 있다. 인천국제공항도 이미 지난 2010년에 14억 원을 들여 저비용항공전략 수립용역을 마쳤다. 그런데도 2017년까지 계획된 3단계 사업에 빠져 있다. 완공되면 누적 여객처리규모 6,200만 명을 갖게 될 제2여객터미널을 짓고 있는 인천공항으로서는 시설공급과잉 우려와 빠듯한 건설비가 부담인 것도 사실이다. 물론 당장 삽을 뜨자는 게 아니다. 하지만 적어도 구체적인 로드맵을 제시하는 일은 시급하다. 그때그때 임기응변식으로 대응해서는 안 된다는 얘기다. 과감히 바다를 향해 뛰어드는 첫 펭귄First Penguin이 되어야 한다.

감사의 글

그 삼년 전에 큰 수술을 하신 뒤로 이어진 고통스런 투병에도 의연하시었던 아버지가 봄 되면서부터 급격히 나빠지시더니 급기야는 어버이날을 겨우 넘기시고 그리도 황망히 작고하신 게 5월 14일이다. 차츰 좁혀오는 의료진의 시한부 예고에 이른바 마음의 준비를 하지 않은 건 아니었으나 조금은 더 계시려니 여겨 그 삭막한 병상에 화병 하나 놓아드릴 요량으로 서둘러 원고를 모아 출판사에 보낸 게 그 일주일 전이었다. 상을 치르고 한동안은 세상이 낯설었고 몸에는 이상한 징후들이 예민하게 들러붙어 시간을 주체하지 못하였다. 그러다가 기왕 맘먹은 일 갈무리하기로 하고 출판사를 들락날락하며 이런저런 작업 끝에 책의 완성을 보게 되니 어느덧 가을이 되었나.

올봄에 급작스레 서두르지 않았더라도 언젠가는 그 간에 잡문들을 묶어볼 작정이었는데, 그것은 내가 지나 왔던 시간들에 대한 기억과 판단들을 기왕이면 공식적으로 남겨두고 싶었기 때문이다. 전문바둑기사의 복기復碁가 주는 교훈이랄까. 한 수 착오도 없이 이삼백 수를 정확히 기억해 되놓는 건 단순한 돌의 순서가 아니다. 왜 그 때 그 바둑알을 거기에 두었는지, 그 돌들이 갖는 의미들은 어떻게 연결되는지. 사람의 삶 인생도 그런 거라 생각한다.

사람이 살아가는 데는 생존수단이 필요한데 그게 존재의 이유를 훼손해서는 안 된다고 사르트르는 역설했지만 존재로부터 자유로운 그러니까 존재에 구속받지 않는 인식이란 없다. 존재적 구속이란 존재가 영위하는 시간과 공간이고 우리의 인식이란 그 반영이고 음미이자 해석 혹은 문제제기 같은 것들이다. 이런 점에서 보면 이 책에 실은 글들은 2003년에 게재한 칼럼부터 올해까지 15년에 걸친다. 그 중 거개는 조금 좁혀져 필자의 사십대에 해당하는 십여 년, 특히 그 후반에 제법 몰두하였다. 공간으로서의 존재는 인천이자 우리나라이자 세계 속에 한국이다. 그리하여 글들은 인천 내항이나 강화갯벌, 이작도 사람들이나 시민의 노래에서부터 경제특구, 지방자치 나아가 지구적 기후변화, 지속가능발전으로 전개된다. 인천의 맥락을 지닌 것들도 재해석이나 재음미를 통해서 충분히 보편적 함의를 발견할 수 있다고 본다.

사르트르 식의 생존수단의 관점에서 한마디 더 언급하고 싶은 바, 이 책은 사십대에 한국 그리고 인천의 공무원으로서 고민해 보았던 정책 대안들, 윤리 덕목들, 그리고 우리사회 한 구성원으로서 가치관과 세계관의 반영, 투사, 누설 이런 것이다. 필자의 공직 이십여 년은 우리나라 민선지방자치와 그대로 겹친다. 일정한 자기검열의 제약과 한계를 부인할 수 없다. 내가 맡은 직분이 아닌 남 일에 감 놔라 배 놔라 밀아야 하는 묵게, 일이나 정책으로 말하지 지면에다 대고 왜 쓰고 왜 튀어 보이려 하는가하는 따가움에 대한 부담과 주저함이 늘 없지 않았다. 그럼에도 머리맡에 두고자 했던 바는 "위험하지도 불편하지도 않은 글은 안 쓰는 게 더 낫다"는 어느 분의 말이었고, 공직자로서 지켜야 할 적정선은 어디까지인가를 늘 가늠하면서 놓치기 쉬운 기존 통념에 대한 문제제기나 비판적 성찰이었다. 어느 영혼 없는 공무원이 내뱉은 이후 유행처럼 이 땅에 공직자들에게 냉소와 자조의 그림자로 드리워진 '영혼 없는 집단' 속에서 '훈련된 무능trained incapacity'으로 안 일하지 않기를 채 발간 즈음에 새삼 경계하게 된다.

책에 실린 글들의 형식에 대해 생각해보면 칼럼이자 가벼운 수준의 에세이 성격이랄 수 있다. 그렇더라도 어떤 글이든 글을 써서 세상에 내보인다는 것은 나와 세상과의 의사소통행위이니 곧 호흡이라 할 것이다. 이 점에서 어찌 보면 칼럼은 세상물정을 쪼개는 분석이자 어딘가를 가리키는 대안 제시라는 점에서 내뱉는 호(呼)라고 보면, 에세이는 마음으로 머리로 들이키고 곱씹어 보는 흡(吸)이라고 비유하고 싶다. 보잘 것 없지만 이 책이 세상과 호흡하고 사람들과 공감하는 바가 털끝만치라도 있기를 앙망한다.

책 발간을 위해 흩어졌던 글들을 모아 다시 읽어 보면서 가슴을 쓸어내렸던 바, 그나마 횡설수설 우왕좌왕하지 않은 일이관지一以貫之의 구석이 희미하게라도 보이나니 그것은 '타인他人의 발견'이다. 아리스토텔레스의 말처럼 인생 최고의 목적은 행복이다. 행복하려면 부디 사랑하자. 지금 이 땅에 사랑의 절대총량이 부족하다는 얘기가 아니다. 사랑의 방향과 성격이 문제적이라는 거다. 자기, 내 식구 혹은 내 편만을 사랑하는 유아독존과 각자도생의 찬미가 아니라 세상에 나만큼 귀한 너, 곧 타인을 사랑하는 것이다. 타인의 행복 없이 '우리'의 행복 없음을 깨닫는 것이다. 한자에서 '사람 인人'은 내가 아니라 다름 사람 곧 '타인'이다. 타인을 사랑하는 것이 곧 사람을 사랑하는 것이다. 그럼 사랑한다는 것은 무엇인가. 누군가를 사랑한다는 것은 다름 아니라 그 존재를 살게 하는 것이다. 논어 안연顏淵 편에 '애지욕기

생愛之欲其生'이다. 자기 마음대로 이롭다싶어 사랑하다 해롭다싶으면 언제 그랬냐는 듯이 미워하고 그 죽기까지를 바라고 꾀하는 변덕이 아니라, 타인의 존재 자체의 고귀함을 변함없이 인정하는 것이다.

이 책은 이제 하릴없이 불초不肖가 선친의 영전靈前에 바치는 것이 되었다. 짧지 않았던 간병에 고생하신 어머니, 어리석은 이와 함께 해 준 현실, 세상에 아름다운 향기와 귀한 울림을 더해주는 존재가 되길 간절히 소망하는 가영과 태종에게 고마움을 전한다. 열악한 환경에서도 열정과 사명감으로 뛰는 지역 언론계 많은 분들, 특히 미경, 명호, 병기, 지혜 등 젊은 기자 제형諸兄에게 감사하다. 일일이 거명하기 어렵지만 지면에 게재된 졸문을 놓치지 않고 공감과 격려를 보내주신 선후배동료 공직자들이 고맙다. 이 부끄러운 글모음에 기꺼이 그리고 과분하게 격려 말씀을 주신 김윤식 시인과 이충환 박사께 더없이 감사드린다. 꿋꿋하게 지역출판의 길을 다지고 있는 다인아트 윤미경 대표와 관계자들께도 인사드린다.

2018. 9

김상섭

찾아보기

ㅇ